Rio de Janeiro

Nicolas Stockmann · Helmuth Taubald

Diese Symbole im Buch verweisen auf den großen Cityplan!

DUMONT
direkt

Bem-vindos – Willkommen

Unser heimliches Wahrzeichen 4
Erste Orientierung 6
Schlaglichter und Impressionen 8
Geschichte, Gegenwart, Zukunft 14
Reiseinfos von A bis Z 16

15 x Rio de Janeiro direkt erleben

1 | **Weltberühmtes Wahrzeichen – der Zuckerhut** 28
Wie ein Leuchtturm steht der Felsen an der Einfahrt zur Guanabara-Bucht, von oben blickt man auf die Copacabana und die Christus-Statue.

2 | **Der Mythos lebt – die Copacabana** 32
Der berühmteste Stadtstrand der Welt lädt ein zum Baden und Flanieren. In einer der zahlreichen Bars lässt es sich herrlich entspannen.

3 | **Boulevard der Schönen und Reichen – am Strand von Ipanema** 36
Hier vergnügen sich die betuchteren Schichten, Gays und Studenten. Nicht nur der Strand lockt, sondern auch schicke Cafés und Boutiquen.

4 | **Topläden und Gourmettempel – im noblen Leblon** 39
Das Viertel ähnelt dem benachbarten Ipanema, bietet aber noch feinere Geschäfte und die beste Gastronomie- und Barmeile der Stadt.

5 | **Wasser und exotische Pflanzen – Lagune und Botanischer Garten** 42
Beides lässt sich bei einem reizvollen Spaziergang genießen und erkunden.

6 | **Das unbekannte Leben der Armen – die Favela Santa Marta** 45
Hier ist Frieden eingekehrt und die Armut geringer, als man erwartet.

7 | **Faszinierendes Stadtpanorama – Corcovado mit Christus-Statue** 48
Vom diesem Gipfel erschließt sich der beste Rundumblick auf ganz Rio, die schönste Stadt der Welt liegt einem hier zu Füßen.

8 | **Alte Pracht an der Guanabara-Bucht – Flamengo, Catete, Glória** 51
Reiche Kaffeebarone und Aristokraten errichteten hier einst prachtvolle Residenzen, das leicht verfallene Glória-Viertel wird nun revitalisiert.

9 | **Rio vom Wasser aus – Guanabara-Bucht und Atlantik** 54
Vom Boot aus erhält die Stadt eine neue, reizvolle Perspektive.

10 | **Zeitreise in die Vergangenheit – das Künstlerviertel Santa Teresa** 56
Das malerische Viertel mit seinen Ateliers, Kunsthandwerksläden, Restaurants und urigen Bars ist ein Anziehungspunkt besonderer Art.

11 | **Streifzug durch die besten Samba-Bars – ein Abend in Lapa** 59
Hier spielt die Musik! Rund ums alte Aquädukt wird die Nacht zum Tage.

12| **Paris in Rio – das Zentrum zwischen Opern- und Kaffeehaus** 61
Am Cinelândia-Platz stehen die schönsten Kulturpaläste, ganz in der Nähe wartet das fast im Original erhaltene Jugendstilcafé Colombo.

13| **Paläste und Altstadtgassen – Rios historische Hafengegend** 64
Im früheren Hafengebiet stößt man auf Kaiserpalast, Zollgebäude und alte Handelsgassen, in denen heute After-Work-Partys stattfinden.

14| **Kunst, Architektur und herrliche Aussicht – Niterói** 67
Den einmaligen Blick auf Rio genießt man schon auf der Fährüberfahrt.

15| **Ausflug in die Nordzone – Maracanã und São Cristóvão** 70
Fußballtempel, Nationalmuseum und sehenswerter Folkloremarkt.

Noch mehr Rio de Janeiro 72
Ausflug zur Insel Paquetá 72 Kirchen 72 Museen und Galerien 72 Parks und Gärten 73 Zona Oeste (Westzone) am Atlantik 74

Ausflüge 76
Búzios 76 Ilha Grande 79 Paraty 81

Zu Gast in Rio de Janeiro

Übernachten 86
Gut und günstig 87 Stilvoll wohnen 88

Essen und Trinken 90
Buffet-Restaurants 91 Cafés 91 Churrascarias (Rodízio) 92 Gourmetlokale 93 Gut und günstig 94 Szene und Ambiente 94 Typisch Rio 96 Vegetarisch 97

Einkaufen 98
Antiquitäten und Kunsthandwerk 99 Bücher und CDs 99 Wochenmärkte und Lebensmittel 100 Geschenke und Souvenirs 100 Mode und Accessoires 101 Schmuck und Edelsteine 102 Shoppingzentren 102 Strand- und Bademode 103

Ausgehen – abends und nachts 104
Bars und Kneipen 105 Diskotheken 107 Kneipenketten 107 Konzert- und Showhäuser 108 Kulturzentren 108 Livemusik 108 Samba-Lokale 109 Rio – Hauptstadt der Gays 111 Tanz- und Folkloreshow 111

Sprachführer 112
Kulinarisches Lexikon 114
Register 116
Autor, Abbildungsnachweis, Impressum 120

Bem-vindos – Willkommen

Unser heimliches Wahrzeichen

Von Weitem wird der Morro Dois Irmãos oft mit dem Zuckerhut verwechselt, aus der Nähe werden aber zwei Felsen daraus – oder ›Brüder‹, wie sein Name besagt. Er thront hinter den Stränden von Ipanema und Leblon als markanteste Erhebung einer zauberhaften Küstenlandschaft. Im Sommer ist er fast ein Pilgerziel, wenn sich Scharen von Sonnenanbetern auf dem Felsen von Arpoador versammeln, um dem schönsten Sonnenuntergang der Stadt beizuwohnen. Dann taucht der rote Feuerball nämlich gleich hinter den Brüdern ins Meer und erzeugt ein wunderbares Schauspiel aus Licht und Farben.

Erste Orientierung

Bilder der Ankunft

Wer mit dem Flugzeug kommt und am Aeroporto Internacional landet, wird zuerst die ärmeren Viertel und Favelas von Rios **Zona Norte** (Nordzone, ▶ Karte 5, C 2) sehen. Erst nach einigen Kilometern auf der Stadtautobahn Linha Vermelha erscheinen in der Ferne der Corcovado mit der Christus-Statue und der Zuckerhut, die bekanntesten Landmarken der Stadt, an denen Sie sich stets gut orientieren können. Wer den Aeroporto Nacional Santos Dumont anfliegt oder mit dem Schiff in die Bucht von Guanabara einläuft, kommt direkt am Zuckerhut vorbei und gelangt schnell zu den besseren Vierteln der **Zona Sul** (Südzone, ▶ Karte 5, C/D 3).

Viertel am Atlantik

Rios schönere Südzone liegt zum Teil am Westrand der Bucht von Guanabara (u. a. **Flamengo,** ▶ E/F 5/6, und **Botafogo,** ▶ D–F 7/8) und zum Teil am offenen Meer. Die meisten Besucher wählen eine Unterkunft nahe dem Atlantik. Favorit ist die **Copacabana** (▶ D–G 8–11) mit ihrem weltberühmten Strand, an dem man flanieren oder im recht sauberen Wasser baden kann. In den Nachbarvierteln **Ipanema** (▶ B–E 10/11) und **Leblon** (▶ A/B 9–11) wohnt Rios weiße Mittel- und Oberschicht, es gibt viele schicke Lokale und Geschäfte, die Praia de Ipanema gilt bei den Einheimischen als bester Strand der Stadt. Beide Stadtteile grenzen an der vom Meer abgewandten Seite an die **Lagoa Rodrigo de Freitas** (▶ B/C 8–10), eine landschaftlich reizvoll gelegene Lagune.

Ganz in der Nähe der Lagune befinden sich weitere gute Wohnviertel **(Jardim Botânico, Gávea, Humaitá),** in denen neben dem berühmten Botanischen Garten auch etliche gute und bei Einheimischen beliebte Ausgehadressen angesiedelt sind. Die Viertel sind deutlich weniger touristisch, damit auch preiswerter und lassen sich auf sichere Weise erkunden.

Etwas außerhalb in südwestlicher Richtung liegen die Atlantikviertel **São Conrado,** das Eldorado der Drachen- und Gleitschirmflieger, und **Barra da Tijuca,** ein oft mit Miami verglichenes Neureichenwohngebiet mit Apartment-Hochhäusern und einem 12 km langen sauberen Strand. Diese Gegend ist auch als **Zona Oeste** (Westzone, ▶ Karte 5, A/B 2–4) von Rio bekannt.

Himmlische Aussichten

Selbst wer nur einen Tag in Rio verweilt, wird sich vergewissern wollen, warum diese Stadt oft die schönste der Welt genannt wird. Und dafür muss man sie von oben gesehen haben. Ein Panoramablick aus der Vogelperspektive erschließt sich von der Aussichtsplattform des 709 m hohen **Corcovado-Felsens** (▶ B/C 7), gekrönt von einer gewaltigen Christus-Statue. Hinauf geht es per Zahnradbahn oder über eine Serpentinenstraße, beide Wege führen durch einen Teil des **Nationalparks von Tijuca** (▶ Karte 5, C 3). Versteckt sich die Spitze des Corcovado jedoch in den Wolken, steuern Sie den auf halber Strecke bzw. Höhe gelegenen Aussichtspunkt **Dona Marta** (▶ D 6/7) an.

Zum 396 m hohen **Zuckerhut** (Pão de Açúcar, ▶ G/H 7) geht es in zwei Etappen per Seilbahn hoch, schon die Fahrt in den seitlich transparenten Kabinen ist ein Erlebnis, von oben sehen Sie rechter Hand der Seilbahnstation die Copacabana und mit dem Blick nach links schweifend den Corcovado-Felsen, das Zentrum, die lange Brücke über die Bucht von Guanabara und an deren Ende die Nachbarstadt Niterói.

Das geschäftige Zentrum

Rios Downtown ist werktags wie am Samstagvormittag unbedingt einen Besuch wert. Am sehenswertesten ist die Gegend rund um das sog. **Cinelândia** (► E/F 3), ein weitläufiger Platz umgeben von prachtvollen Gebäuden, u. a. dem Theatro Municipal, dem Museu Nacional de Belas Artes, der Biblioteca Nacional und dem Rathaus. In der Nähe treffen Sie auf die faszinierende Bibliothek **Real Gabinete Português de Leitura.** Auf dem Weg befinden sich viele Läden, Geschäfte und Lokale, ins Auge fällt überall der architektonische Mix aus historischen und modernen Gebäuden und nirgends sieht man am Tage so viele Menschen wie hier. Zudem wird etwas weiter nördlich das Hafenareal rund um die **Praça Mauá** (► E/F 1/2) aufpoliert und zu einem neuen Kultur- und Ausgehviertel umgestaltet (›Porto Maravilha‹, u. a. mit zwei neuen Topmuseen). Abends stirbt das Zentrum jedoch aus, lediglich in einigen Altstadtgassen, besonders am Ende der **Rua do Ouvidor,** geht es auf After-Work-Partys noch munter weiter.

Die Bohème-Viertel

Gleich neben dem Zentrum liegt **Lapa** (► E/F 3/4), ein historisches Viertel, das nach einer langen Phase des Verfalls revitalisiert wurde und heute in der **Av. Mem de Sá** wie am Ende der **Rua do Lavradio** Rios lebendigste Nightlife-Meilen besitzt. In zahllosen Musiklokalen wird Samba oder Chorinho gespielt und getanzt. Am Tage lohnt sich ein Besuch jedoch weniger, da sollten Sie lieber per Tram ins Künstlerviertel **Santa Teresa** (► E/F 4) hochfahren. Früher wohnten hier vor allem die Kaffeebarone, heute finden sich in den etwas verfallenen Palästen diverse Kunstateliers, nette Restaurants und urige Bars. Zu Santa Teresa gehört auch die berühmte **Fliesentreppe** des chilenischen Künstlers Selarón.

Willkommen in der Cidade maravilhosa

Schlaglichter und Impressionen

Die heimliche Hauptstadt

Bis heute denkt jeder bei Brasilien gleich an Rio. Auch wenn die große Politik inzwischen in Brasília und die Wirtschaft in São Paulo sitzt, ist Rio die heimliche Hauptstadt geblieben. Was sie so einzigartig macht, ist die vollkommene Harmonie der sich über Hügel, Wälder und Strände erstreckenden Landschaft. Nicht umsonst wird sie *Cidade maravilhosa* (›wundervolle Stadt‹) genannt. Noch poetischer huldigt ihr Stefan Zweig: »Hier hat die Natur in einer einmaligen Laune von Verschwendung von den Elementen der landschaftlichen Schönheit alles in einen engen Raum zusammengerückt, was sie sonst sparsam auf ganze Länder verteilt und vereinzelt. Es gibt (...) keine schönere Stadt auf Erden.« Inmitten dieser begnadeten Natur wuchs ein ganz spezielles Völkchen heran: Die *Cariocas*, wie Rios Bewohner heißen, leben dem Rest der Welt vor, wie man trotz harter Arbeit und mancher Sorgen nie die gute Laune verliert.

Der Lebensstil der Cariocas

Cari-oca (›Haus des Weißen‹) nannten die Tamoio-Indios das erste Steinhaus der Portugiesen am Strand von Flamengo. Der Name übertrug sich dann auf die Bewohner von Rio, hier Geborene hängen gerne noch den Zusatz *da gema* (›vom Eigelb‹) an. Carioca ist auch die Bezeichnung für einen Lebensstil. Cariocas ist der spontane, direkte Kontakt zu ihren Mitmenschen wichtiger als die tägliche To-do-Liste oder Pünktlichkeit und Zuverlässigkeit. Man bleibt gern zu einem zeitvergessenen Schwätzchen stehen oder trinkt an der Eckkneipe auch tagsüber in fröhlicher Runde ein Bierchen. Fremde werden offenen Herzens empfangen und einbezogen. Hier ist die Leichtigkeit des Seins Alltag, stets gespickt mit einer gehörigen Portion Selbstinszenierung und Humor.

Samba und Karneval

Zum leichten Leben gehört auch die Vernarrtheit in Musik und Tanz. Nicht umsonst ist Rio die Wiege des Samba, der hier 1917 kreiert wurde. 1928 entstand im armen Viertel Estácio die erste Sambaschule *(escola de samba)*, heute sind es schon mehr als 50. Sie bilden das Rückgrat des Karnevals, das ganze Jahr über bereiten sich die 13 Spitzengruppen der 1. Liga *(Grupo Especial)* auf ihren großen Auftritt im Sambódromo vor, ein eigens vom Architekten Oscar Niemeyer entworfenes und 1984 eingeweihtes Karnevalsstadion mit 77 800 Tribünenplätzen und Logen. In zwei Nächten ziehen hier etwa 60 000 Teilnehmer durch, das sind 4000 bis 6000 pro Sambaschule. Seit den 1970er-Jahren wurden die Umzüge immer prachtvoller und spektakulärer, aber auch kommerzieller. Karnevalsliebhaber erhalten bei einer Probe der Sambaschulen (s. S. 104, 105) einen authentischeren Eindruck.

Parallel bietet Rio einen lebendigen Straßenkarneval, der schon Mitte Januar beginnt und aus mehr als 400 Umzügen *(blocos)* durch die verschiedensten Stadtteile besteht. Immer wieder stellt Cordão da Bola Preta mit einer Gefolgschaft von 2 Mio. Menschen oder mehr Weltrekorde auf. Außerdem gibt es mehrtägige Bühnenshows, besonders auf dem Platz unter den Arcos da Lapa und auf dem Cinelândia-Platz vor dem Theatro Municipal.

So berühmt und faszinierend Rios Karneval auch sein mag, ein Besuch lohnt sich nur bedingt. Die Hotels verkaufen 4-Nächte-Pakete zum dreifachen Preis und sind schon lange vorher ausgebucht. Karten für die Umzüge im Sambódromo sind teuer und schwer zu bekommen. Und der Straßenkarneval ist im Unterschied zu Salvador keine Musikparade, sondern eher eine große Party, bei der man ohne Sprachkenntnisse zwar noch mittanzen, aber nicht mehr mitsingen kann. Und Rio verändert während des Karnevals sein Gesicht, vieles ist geschlossen, Müll und Abfall breiten sich aus, der gewohnte Fluss des Lebens ist unterbrochen. Dabei ist gerade der Alltag in Rio so interessant und reizvoll. Um die Stadt und ihre Menschen kennenzulernen, ist ein Besuch außerhalb der tollen Tage lohnenswerter. Und Samba, wenn auch in langsameren, liedhafteren Versionen *(samba canção, samba de raiz)*, gibt es hier das ganze Jahr. Ein Konzertbesuch bei Zeca Pagodinho, Teresa Cristina oder Seu Jorge ist stets ein Höhepunkt des Urlaubs.

Strandleben und Körperkult

Rio de Janeiros Strände ziehen sich 55 km am Atlantik entlang. Die meisten ausländischen Gäste besuchen die Copacabana, bei den Cariocas ist Ipanema am beliebtesten, gefolgt von Barra da Tijuca, Grumari und Prainha. Falls es nicht gerade stark geregnet hat, ist das Meer meist recht sauber. Für die Brasilianer steht Baden aber nicht an erster Stelle, der Strand ist eher gesellschaftlicher Treffpunkt, um zu sehen und gesehen zu werden, zu plaudern und zu flirten, einige Bierchen zu trinken und den Body zu bräunen. Die Damen sind zudem darum bemüht, den Farbkontrast zu den unter dem Bikini verborgenen Partien schärfer werden zu lassen *(marquinha de praia)* sowie dunklere Körperbehaarung mit Chemikalien aufzu-

Karneval: Die Umzüge der Sambaschulen sorgen im Sambódromo für Stimmung

hellen. Diese Prozeduren gehören ebenso zu den üblichen Strandritualen wie der bereits perfekt gestylte Auftritt in Flipflops *(havaianas)*, einem um die Hüften geschwungenen Sarong *(canga)* und der kurze Gang ins Wasser, um sich abzukühlen, kurz unterzutauchen und dann die nasse Haarpracht einmal nach links und einmal nach rechts zu werfen.

Die sportlichen Aktivitäten im Sand sind indes umso vielfältiger, seien es Volley- oder Fußvolleyball, Jogging oder das Stählen der Muskeln im Open-Air-Fitnessstudio. Der ideal proportionierte Körper, Knack-Po, Sixpack und ein flacher Bauch erfordern inzwischen immer mehr Mühe und Aufmerksamkeit, haben sich doch die Ernährungsgewohnheiten der Brasilianer in den letzten Jahren stärker denen der US-Amerikaner angenähert. Ansonsten hilft man auch mit Skalpell oder Absauggerät nach, nicht nur für die Betuchteren steht eine beachtliche Anzahl von Schönheitschirurgen bereit.

König Fußball

Wenn eines alle Brasilianer ebenso zusammenhält wie teilt, ist es der Fußball. Auch enttäuschende WM-Auftritte der Nationalelf wie 2006 und 2010 haben die hiesige Begeisterung für die Lokalvereine in nichts geschmälert, kennt man doch deren Spieler besser als die fern im Ausland kickenden Superstars. In Rio erfreut sich der 1911 gegründete Club Flamengo mit den rot-schwarzen Trikots der größten Anhängerschaft. In der Serie A sorgt er zumeist zusammen mit den Teams Fluminense, Vasco da Gama und Botafogo für eine starke Präsenz Rios, Hauptrivalen sind die finanzkräftigen Clubs aus dem Bundesstaat São Paulo. Die Heimspiele finden nach dem langjährigen Umbau für die WM 2014 nun auch überwiegend wieder im weltberühmten Fußballtempel Maracanã statt. Doch der Ball rollt an allen Ecken der Stadt, besonders in den zahlreichen Armenvierteln. Ein Heer von kleinen Jungen verbringt seine ganze Freizeit dribbelnd und kickend und träumt von der Blitzkarriere eines Ronaldo oder anderer vergötterter Ballhelden.

Fernsehen und Novelas

Ausländischen Touristen wird schon beim ersten Restaurantbesuch auffallen, wie wichtig das Fernsehen in Brasilien ist. Die Zahl der Geräte übersteigt sogar die der Kühlschränke. Die Heimkino-Ausstattung ist immer weniger ein Luxusartikel der Reichen, sondern zunehmend erschwingliches Massenkonsumgut. Es erhält einen Ehrenplatz im Wohnzimmer und versammelt die ganze Familie um sich, als Gast muss man sich damit arrangieren, wird doch der Bildschirm erst nachts ausgeschaltet. Neben Fußball und komödiantischen Entertainmentformaten bieten viele Kanäle die weltberühmten Telenovelas, die sich über Monate hinziehen. Speziell in Rio, wo der Mediengigant TV Globo seinen Sitz hat, erreicht das alle sozialen Schichten umgreifende Publikumsinteresse seinen Höhepunkt. Oft wird man sich von Montag bis Samstag nicht vor 22 Uhr verabreden können, denn der frühe Abend ist den Novelas vorbehalten.

Meistens handeln sie von leicht überdramatisierten Familienkonflikten, Ehebruch, Eifersucht, Betrug und Leid. Immer häufiger wird jedoch ein aktuelles soziales Problem beigemischt, sei es Alkoholismus, Drogensucht, HIV, Diskriminierung von Homosexuellen, Kriminalität oder Umweltzerstörung. Der Nachhall in den Alltagsgesprächen ist groß, das Publikum nimmt Anteil, als wäre das Gezeigte Realität. Die ›Schule der Nation‹ besitzt ein bedeutend höheres Niveau als die Soaps aus Hollywood, Mexiko oder Argentinien. Die

Vor allem im Zentrum von Rio stößt man auf einen interessanten Architekturmix

Drehbücher, Regie und schauspielerischen Leistungen sind beachtlich, auch ein Grund für den internationalen Erfolg: Brasilianische Novelas werden in mehr als 70 Länder der Welt exportiert.

Shopping und Kleidung

Der Einkaufsbummel ist in Brasilien ein immer beliebteres Freizeitprogramm, das bald dem Strandvergnügen den Rang abläuft. Den Begüterten war Shopping schon immer wichtiger als die *praia* (Strand), ein neues Phänomen sind jedoch die 40 Mio. Konsumenten, die durch den allgemeinen Wirtschaftsboom und diverse Sozialprogramme in kurzer Zeit aus bitterer Armut in die neue Mittelschicht aufgestiegen sind. Immer mehr Brasilianer erliegen einem wahren Kaufrausch, noch nie wurden so viele Autos, Fernseher, Haushaltsgeräte, Kosmetik- und Modeartikel sowie Flugreisen verkauft – allerdings stets auf Raten.

Am liebsten geht man in moderne Malls wie das Barra Shopping, Lateinamerikas größtem Konsumtempel, oder das nur etwas kleinere Rio Sul in Botafogo nahe der Copacabana. Etwa die Hälfte der Läden offeriert schicke Damenschuhe und -taschen, die hiesigen Kreationen sind bemerkenswert und erobern allmählich den internationalen Markt. Häufig wird man auch Havaiana-Shops finden, die brasilianischen Flipflops sind weltberühmt und ein ideales Mitbringsel. Parallel blüht der um vieles günstigere Straßenhandel, nur Kenner können noch Original und Fälschung auseinander halten.

Architektur der Kontraste

Eine Besonderheit im Stadtbild von Rio, vor allem im Zentrum, ist das unbekümmerte Nebeneinander von historischer und moderner Architektur. Man sieht noch viele postkoloniale Fassaden, viele im Art-déco-Stil, die dank des Denkmalschutzes überlebt haben. In direkter Nachbarschaft erheben sich bis zu 40-stöckige Bürotürme aus Glas und Stahl.

Steht man auf der Praça Floriano (Cinelândia) oder auf der Praça 15 de Novembro, kann man sich einen lebendigen Eindruck davon verschaffen. Was jedoch baugeschichtlich dazwischen liegt, nämlich Gebäude aus dem 19. und Anfang des 20. Jh., fiel häufig der Sanierungs- und Modernisierungswut der Militärdiktatur (1964–1985) zum Opfer. Lediglich in den zwischen dem Zentrum und den Atlantikvierteln gelegenen Stadtteilen Lapa, Santa Teresa, Glória und Catete blieb noch vieles erhalten.

Am Meer hingegen gibt es wenig historische Architektur, nur einige Jugendstilhäuser in Copacabana konnten bewahrt werden. Die Besiedlung erfolgte recht spät, erlebte dann jedoch einen rasanten Zustrom. Das modernste Viertel ist heute Barra da Tijuca, das sog. Miami Brasiliens mit eher einfallsloser Mainstream-Architektur. Insgesamt besitzt das architektonische Chaos von Rio jedoch einen Vorteil: Wer sich nicht nur an der Copacabana aufhält, findet verstreut im restlichen Rio Bauwerke aus jeder Epoche. Und das Nebeneinander von Alt und Neu im Zentrum hat seinen eigenen Reiz.

Pazifizierte Favelas

Die meisten Besucher werden schon Fernsehdokus oder Filme über Rios Favelas und die berüchtigten Drogenkriege gesehen haben. Die ersten Armenviertel entstanden schon vor mehr als 100 Jahren, stark wuchsen sie in den 1950er- und 1960er-Jahren, als man die Zuwanderer aus den ländlichen Gebieten Brasiliens als Industriearbeiter benötigte. Erst Ende der 1970er-Jahre machte sich in Rio eine schwere Wirtschaftskrise bemerkbar, Startsignal für Drogenhandel und Kriminalität. Danach ließ der Staat die Favelas in Ruhe, sollten die Dealer dort doch machen, was sie wollten, wenn sie nur in den Reichenvierteln keinen Terror verbreiteten.

Daten und Fakten

Einwohner: Stadt Rio de Janeiro 6,3 Mio., gleichnamiger Bundesstaat 15,2 Mio., Brasilien 199 Mio. Einw. (2012), jährliches Bevölkerungswachstum 0,9 %
Fläche: Mit 8,5 Mio. km² ist Brasilien 24-mal so groß wie Deutschland, der Bundesstaat Rio de Janeiro hat eine Ausdehnung von 43 910 km², etwa so viel wie Dänemark. Das administrative Stadtgebiet umfasst 1206 km².
Lage: Rio de Janeiro gehört zum Südosten Brasiliens und liegt unmittelbar nördlich des südlichen Wendekreises. Im Süden grenzt die Stadt an den Atlantik, östlich an die Guanabara-Bucht und im Norden verläuft die Serra do Mar, ein Teil des zentralbrasilianischen Hochlandes. Ausläufer dieser Gebirgskette, die Morros genannten Hügel, reichen bis in das Stadtgebiet und den Atlantik hinein.
Staat und Verwaltung: Die Stadt gliedert sich in 33 Verwaltungsregionen, diese unterteilen sich in 159 Stadtviertel *(bairros)*. Bürgermeister ist seit dem 1. Januar 2009 Eduardo Paes (Partido do Movimento Democrático Brasileiro, PMDB). An der Spitze des Bundesstaates mit Rio de Janeiro als Hauptstadt steht seit dem 4. April 2014 der Gouverneur Luiz Fernando de Souza »Pezão« (PMDB). Brasilien besitzt noch 25 weitere Bundesstaaten und den Bundesdistrikt mit Brasília, der Hauptstadt der föderativen Präsidialrepublik. An der Spitze der Regierung steht seit dem 1. Januar 2011 erstmals eine Frau: Dilma Rousseff (Partido dos Trabalhadores, PT).

Es war die Bankrotterklärung der Regierung gegenüber staatsfreien Räumen, in denen einzelne Drogenbosse wie in einem Fürstentum ihre eigenen Gesetze und Regeln diktierten.

Doch vor einigen Jahren begann ein Umdenken. Ende 2008 besetzte die Polizei die kleine Favela Santa Marta und richtete dort die erste UPP *(Unidade da Polícia Pacificadora)* ein. Es folgte eine Favela nach der anderen, sogar das gefährlichste Gebiet namens Complexo do Alemão wurde 2010 zurückerobert. Die Gebiete wurden in die benachbarten Stadtviertel eingegliedert oder zu Ex-Favelas erklärt. Bis 2014 waren bereits knapp 40 UPPs eingeführt und 850 000 Favela-Bewohner haben von den Sanierungen profitiert. Dennoch gibt es weiterhin viel zu tun, aber die Einsicht, dass staatliche Souveränität nicht teilbar ist, setzt sich immer mehr durch. Allgemein ist die Kriminalität in Rio schon deutlich zurückgegangen, beachtet man die üblichen Sicherheitsregeln, muss niemand mehr seinen Rio-Urlaub aufschieben.

Saubere Gewässer

Rio hat 6,3 Mio. Einwohner, erst zwei Drittel der Abwässer werden kanalisiert und geklärt. Der Rest fließt zum großen Teil in die Bucht von Guanabara, die zusätzlich durch Häfen, Ölbohrinseln und Tankschiffe belastet ist. Seit den 1990er-Jahren hat sich die Wasserqualität durch den Bau großer Kläranlagen zwar verbessert, doch bis zu den Segelwettbewerben der Olympischen Spiele 2016 ist noch viel zu tun. Die Stadt hat sich verpflichtet, bis dahin den Anteil der behandelten Abwässer von 50 auf 80 % zu erhöhen.

Fortgeschrittener ist das Programm zur Reinigung der Lagoa Rodrigo de Freitas. Alle paar Monate war früher die Wasseroberfläche mit verendeten Fischen bedeckt, deren Gestank sich über die angrenzenden Viertel verbreitete. Doch jetzt ist der See sauberer geworden, eines der modernsten Kontrollsysteme der Welt mit GPS-Überwachung und Unterwassersensoren soll gewährleisten, dass jede Veränderung augenblicklich bemerkt und untersucht wird. Immerhin finden hier 2016 die Ruderwettbewerbe der Olympischen Spiele statt.

Ganz wichtig ist auch die Erhaltung der Meerwasserqualität, sind doch Rios Atlantikstrände das touristische Aushängeschild der Stadt und bevorzugter Freizeitort der Cariocas. Die beliebten Strände von Copacabana, Ipanema und Barra sind meist zum Baden freigegeben, während es am Ende von Leblon und am Strand von São Conrado oft Einschränkungen gibt.

Rios Stadtwappen

Es handelt sich um das neunte Wappen der Stadt, aus dem Jahre 2000. Das blaue Schild steht für Portugal, die drei Pfeile für die Marterung des Heiligen Sebastian, Schutzheiliger Rios, und das rote Käppchen in der Mitte für die Republik. Die Delfine verweisen auf die Meereslage, die Lorbeerkränze symbolisieren Sieg und Stärke, die Krone erinnert an die frühere Hauptstadtrolle.

Stadtwappen Rio de Janeiro

Geschichte, Gegenwart, Zukunft

Entdeckung und Kolonialzeit

Am 1. Januar 1502, zwei Jahre nach der Entdeckung Brasiliens durch Pedro Álvares Cabral, landete eine portugiesische Expedition unter Gonçalo Coelho in der Guanabara-Bucht, die sie Rio de Janeiro (Bucht des Januars) nannte. Die Portugiesen zeigten anfangs wenig Interesse für die Region, sodass die im Handel mit dem Brasilholz *(pau brasil)* engagierten Franzosen hier 1555 eine Kolonie gründeten. 1560 wurden sie jedoch durch portugiesische Truppen unter Estácio de Sá vertrieben. Fünf Jahre später landeten über 100 Kolonisatoren am Morro Cara de Cão in Urca und gründeten dort am 1. März die Siedlung São Sebastião do Rio de Janeiro. Wichtigster Wirtschaftszweig wurde der Anbau von Zuckerrohr, bis Anfang des 18. Jh. im bergigen Hinterland Minas Gerais große Gold- und Edelsteinvorkommen entdeckt wurden. 1763 wurde Rio wegen der gewachsenen ökonomischen und geostrategischen Bedeutung zur neuen Hauptstadt des Vizekönigreichs Brasilien.

Aufstieg zum Imperium

Das Jahr 1808 markierte einen bedeutenden Wendepunkt. Als Napoleon vor den Toren Lissabons stand, flüchtete Prinzregent Dom João VI. mit seinem gesamten Hofstaat nach Rio de Janeiro. Die Öffnung des Hafens für englische und später auch französische Schiffe führte zu einem regen Welthandel. Die Gewinne flossen nicht mehr nach Portugal ab, sondern kamen der eigenen Entwicklung zugute. Mit Rückkehr von Dom João VI. nach Lissabon (1821) übernahm sein Sohn Dom Pedro I. die Regierungsgeschäfte, rief 1822 die Unab-

Die Real Gabinete Português de Leitura von 1887 war ein Geschenk Portugals an Brasilien

hängigkeit aus und ließ sich gleich in Rio zum Kaiser krönen. 1840 folgte ihm sein Sohn Dom Pedro II. auf den Thron. Dank des Kaffeeanbaus erlebte Rio eine erneute Blütezeit, am Ende des 19. Jh. lebten hier bereits 500 000 Einwohner. Die Abschaffung der Sklaverei 1888 bewirkte, dass sich viele der vom Kaiser enttäuschten Großgrundbesitzer der republikanischen Bewegung zuwandten, bis am 15. November 1889 ein Militärputsch die Republik einleitete.

Der holprige Weg im 20. Jh.

Anfang des 20. Jh. begann unter dem Bürgermeister Francisco Pereira Passos die Umgestaltung der Stadt nach Pariser Vorbild (Belle Époque). Breite Boulevards wie die heutige Av. Rio Branco wurden angelegt, die Straßenbahn erreichte durch neue Tunnel den Atlantik und ein Stadttheater, Kinopaläste und Sambaschulen gaben dem kulturellen Leben starken Auftrieb. 1920 bis 1940 stieg die Bevölkerung um 240 % an. 1940 bis 1950 erhöhte sich die Zahl der Industrieunternehmen um 30 %, doch Sao Paulos wirtschaftliche Führungsposition blieb unangetastet, 1960 verlor Rio auch seine Hauptstadtrolle. Während der Militärherrschaft (1964–1985) wurden Großprojekte realisiert wie der Bau der damals längsten Brücke der Welt.

Andererseits fielen viele historische Bauten des 19. Jh. dem Modernisierungseifer der Generäle zum Opfer. Das geistige Leben unterlag der Zensur, Tausende von Oppositionellen wurden inhaftiert und viele umgebracht. Das im Ausland hoch verschuldete Land geriet bald in eine schwere Wirtschaftskrise. Arbeitslosigkeit und Hochinflation gingen einher mit starker Zunahme von Korruption, Prostitution, Kriminalität und Drogenhandel. Erst Mitte der 1990er-Jahre begann sich die Stadt von einer ihrer schwersten Krisen zu erholen.

Aufbruch zur Weltmetropole

Seit wenigen Jahren erlebt Rio ein beispielloses Comeback, auch motiviert durch Mega-Events wie die Fußball-WM (2014) und die Olympischen Spiele (2016). Im jährlichen Ranking der Website Trip Advisor zählte Rio in den letzten Jahren mehrfach zu den Top 5 der beliebtesten Reiseziele der Welt. Die Investitionen in Infrastruktur, Transportwesen, Urbanisierung, Kultur und Sicherheit sind so hoch wie in keiner anderen Stadt der Welt. Das Maracanã-Stadion und andere Sportstätten wurden und werden vollständig modernisiert. Die Metro wird bis Barra da Tijuca geführt, wo die meisten der olympischen Wettbewerbe stattfinden.

Vom internationalen Flughafen aus werden Schnell- und Umgehungsstraßen angelegt. Die Hafenkapazität wird verdoppelt, um noch mehr Kreuzfahrtschiffe empfangen zu können. Das Museu do Amanhã zu Fragen der Nachhaltigkeit ist geplant, ferner ein Olympia-Museum und ein Bild Ton-Museum, während das Rio Art Museum bereits eröffnet wurde. Bei der Sicherheitspolitik ist die Ende 2008 begonnene Pazifizierung der Favelas das bemerkenswerteste Ereignis. Bis 2016 sollen die meisten dieser von Drogenbossen beherrschten Gebiete von Polizei und Staat zurückerobert werden. Schon jetzt ist Rio spürbar sicherer geworden.

Als Folge dessen ist auch der Tourismus deutlich angestiegen. Die Zahl der ausländischen Besucher hat sich von 1,6 Mio (2010) auf 1,9 Mio (2012) erhöht und soll sich in den nächsten zehn Jahre verdoppeln. Um der wachsenden Nachfrage gerecht zu werden, entstehen neue Hotels internationaler Ketten, meistens in Barra da Tijuca und Copacabana. Bis 2016 sollen 75 Hotels dazukommen, sodass die Stadt dann über beachtliche 38 000 Hotelzimmer verfügt.

Anreise

... mit dem Flugzeug

Der **Aeroporto Internacional Antônio Carlos Jobim,** kurz **Galeão** (▶ Karte 5, C 2, Flughafencode GIG, Tel. 021 33 98 50 50), liegt 15 km nördlich vom Zentrum auf der Ilha do Governador. Über ihn werden alle Auslands- und die meisten Inlandsflüge abgewickelt. Ferner gibt es an der Guanabara-Bucht den kleineren **Aeroporto Nacional Santos Dumont** (▶ Karte 5, D 3, Tel. 021 38 14 70 70), von dem aus neben der Hauptdestination São Paulo weitere Städte Brasiliens angeflogen werden.

Direktflüge nach Rio: Lufthansa (www.lufthansa.de) bietet einen täglichen Direktflug ab Frankfurt, die **Swiss** (www.swiss.ch) fliegt mehrmals wöchentlich von Zürich über São Paulo. **TAP Portugal** (www.flytap.com) ist die europäische Airline mit den meisten Brasilien-Flügen (ab Lissabon). **Condor** (www.condor.com) fliegt 2 x pro Woche ab Frankfurt via Recife bzw. Salvador nach Rio. Auch **KLM, British** und **Iberia** bieten täglich Direktflüge.

Transfer in die Stadt

Bus: Von beiden Flughäfen fährt die Gesellschaft **Premium** (Linie 2018, www.premiumautoonibus.com.br) zu den Strandvierteln und bis nach Barra da Tijuca, mit Halt vor den großen Hotels (13,50 R$, ca. alle 15 Min., Mo–Fr 5.30–24, Sa, So 5.30–23.30 Uhr).

Airport-Shuttle: Preiswerte Van-Transporter von **Shuttle Rio** (Tel. 021 78 42 24 90, www.shuttlerio.com.br, tgl. stdl. Fahrten zwischen 8–19 Uhr, Reservierung tgl. 7.30–20 Uhr) steuern über 30 Hotels in Copacabana, Ipanema und Leblon (20 R$) sowie einige in Barra da Tijuca (25 R$, wg. Bauarbeiten zeitweise gesperrt) an. Von Santos Dumont gehts nur nach Copacabana (10 R$, Strecke zeitweise gesperrt). Reservierung telefonisch oder über die engl. Website.

Taxi: Für die teuren Flughafentaxis *(táxi credenciado)* gelten rund um die Uhr Festpreise. In der Ankunftshalle am Galeão-Flughafen befinden sich Fahrkartenschalter, an denen die Tarife vorab gezahlt werden, z. B. nach Copacabana (125 R$), Ipanema (116 R$), Santa Teresa (105–133 R$) oder Barra da Tijuca (155 R$). Gepäck ist im Preis inbegriffen. Günstiger sind die normalen gelben Taxis *(táxi comum):* Von 6–21 Uhr zahlt man nach Copacabana 63 R$, Ipanema oder Leblon 58 R$, Gávea 58 R$, Santa Teresa 60 R$, Barra da Tijuca 104 R$ (von 21–6 Uhr ca. 20 % mehr), und pro Gepäckstück nochmals 2 R$. Ein Fahrkartenschalter am Ausgang der nationalen Flüge informiert über die Tarife, eine aktuelle Preistabelle hängt dort aus.

... mit dem Bus

Busreisende kommen im Busbahnhof **Rodoviária Novo Rio** (▶ C 2, Av. Francisco Bicalho 1, São Cristóvão, Tel. 021 32 13 18 00, www.novorio.com.br) an. Auf der Website kann man Start- und Zielort eingeben und erhält eine Liste der operierenden Busgesellschaften mit Fahrtzeiten und Preisen. Onlinebuchung und -bezahlung möglich.

Ab- und Anfahrt: Der Flughafenbus von **Premium** (s. o.) hält direkt vor der Rodoviária. Die **Linienbusse** 126, 404 und 483 fahren nach Copacabana, 404 auch weiter nach Ipanema (mit viel Gepäck nicht ratsam). Fürs **Taxi** kauft man sich zuerst am Taxistand einen Fahrschein mit Ziel und Preisangabe (nach Copacabana/Ipanema ca. 45–55 R$).

Einreisebestimmungen

Visum: Für Westeuropäer besteht **keine Visumpflicht.** Während des Fluges füllt man eine **Einreisekarte** aus, die zusammen mit einem noch mindestens 180 Tage gültigen Reisepass vorgelegt und bis zur Ausreise aufbewahrt werden muss. Im Kinderausweiss ist (unabhängig vom Alter) ein Lichtbild vorgeschrieben. Nach 90 Tagen im Land können Schweizer Staatsbürger bei der Polícia Federal (Aeroporto Internacional, Terminal 1, 3. OG, www.dpf.gov.br, Mo–Fr 8–18 Uhr, kein Zutritt in Shorts oder Sandalen) eine Verlängerung um weitere 90 Tage beantragen. Voraussetzung ist ein Rück- oder Weiterflugticket. EU-Bürgern ist diese Visa-Verlängerung neuerdings nicht mehr möglich.

Impfungen sind bei der Einreise aus Europa nicht vorgeschrieben. Lediglich bei Einreise aus einigen Ländern Südamerikas sowie bei Kreuzschifffahrten auf der Route Amazonien – Rio de Janeiro ist der Nachweis eines **Gelbfieber**-Impfschutzes notwendig.

Zoll: Gegenstände des persönlichen Bedarfs sind zollfrei, Geschenke bis 500 US-$ erlaubt (bei Einreise auf dem Land- oder Wasserweg nur 300 US-$), zusätzlich Duty-free-Artikel ebenfalls bis 500 US-$ (aber nur 24 Flaschen alkoholische Getränke, 20 Schachteln Zigaretten usw.). Der Geld- oder Scheckfreibetrag liegt bei 10 000 R$, darüber liegende Beträge müssen angemeldet werden. Bei der Zollkontrolle legt man eine im Flugzeug ausgefüllte **Zollkarte** vor.

Bei der Rückreise müssen mitgebrachte Geräte wieder ausgeführt werden, im Falle eines Diebstahls ist das Polizeiprotokoll *(boletim de ocorrência)* vorzulegen. Aktuelle Informationen: www.receita.fazenda.gov.br/principal/ingles/faq.htm (Engl.).

Feiertage

An den gesetzlichen Feiertagen haben Banken und Behörden geschlossen, viele Supermärkte, Apotheken und kleinere Geschäfte jedoch geöffnet.

1. Jan.: Neujahr *(Ano Novo)*
20. Jan.: *São Sebastião* (Fest zu Ehren des Schutzheiligen von Rio)
Feb./März: Karnevalsdienstag
März/April: Karfreitag *(Sexta-Feira Santa)*
21. April: Gedenktag für den Nationalhelden Tiradentes *(Dia de Tiradentes)*
23. April: *São Jorge* (nur in Rio)
1. Mai: Tag der Arbeit *(Dia do Trabalhador)*
Mai/Juni: Fronleichnam *(Corpus Christi)*
7. Sept.: Tag der Unabhängigkeit Brasiliens *(Dia da Independência)*
12. Okt.: Tag der Schutzpatronin Brasiliens Nossa Senhora da Aparecida (Mariä Erscheinung), gleichzeitig *Dia das Crianças* (Tag der Kinder)
Okt.: Tag des Handels *(Dia do Comércio,* 3. Mo im Okt.)
28. Okt.: *Dia do Funcionário Público* (Behörden bleiben geschlossen)
2. Nov.: Allerseelen *(Finados)*
15. Nov.: Tag der Proklamation der Republik *(Proclamação da República)*
20. Nov.: Tag der afrobrasilianischen Bevölkerung *(Dia da Consciência Negra)*
25. Dez.: Weihnachten *(Natal)*

Feste und Festivals

Viradão Carioca: April oder Mai (Freitagabend bis So). Kulturfest mit über

500 Veranstaltungen an vielen Plätzen der Stadt, u. a. Tanz, Filme, Konzerte (Samba, MPB/brasilianischer Pop, klassische Musik usw.). Programm s. Tageszeitung »O Globo« am 1. Fr des Monats.
Festas Juninas/Festas de São João: Juni/Juli. Bunte Folklorefeste mit Ursprung im Nordosten/Norden Brasiliens.
Anima Mundi: Juli. Comic-(Film-)Festival mit Werken aus der ganzen Welt, Centro Cultural do Banco do Brasil.
Festival de Cinema do Rio: Anfang Okt., www.festivaldorio.com.br. Größtes Filmfestival Brasiliens in 30 Kinos mit ca. 400 Filmen aus 60 Ländern.
Rock in Rio: Ende Sept. (bis 2010 unregelmäßig, seitdem jährlich), www.rockinrio.com.br. Eins der größten Musikfestivals der Welt (600 000 Besucher). An sieben Tagen geben nationale und internationale Superstars 160 Konzerte in der Cidade do Rock (›Rock-Stadt‹) in Barra da Tijuca.
Natal (Weihnachten): 25. Dez. Wichtigstes religiöses Fest Brasiliens, fast wie in Europa mit großem Familientreffen, Weihnachtsmann, Lichterbaum und gemütsvollen Liedern, nur eben unter Palmen und bei 35–40 °C. Viele Hausfassaden und Bäume sind mit Lichterketten geschmückt, beeindruckend ist ein 85 m hoher, schwimmender Lichterbaum in der Lagoa Rodrigo de Freitas mit knapp 3 Mio. Lampen (Guinness-Rekord). Viele Restaurants sind am 24. ab 18 Uhr geschlossen. Am 25. ist noch Feiertag, aber viele Lokale sind wieder geöffnet. Der 26. ist ein normaler Werktag.
Reveillon (Silvester): 31. Dez. Laut World Travel Guide das beste Silvesterfest der Welt: Am Strand der Copacabana versammeln sich 2 Mio. Menschen, zu Ehren der Meeresgöttin Yemanjá sind viele in Weiß gekleidet. Ab dem späten Nachmittag finden afrobrasilianische Candomblé-Rituale statt, bei denen Blumen ins Meer geworfen werden. Das mitternächtliche Feuerwerk ist berauschend, vor- und nachher heizen auf mehreren Bühnen Musikbands ein.

Geld

Brasilien hat seit 1994 eine recht stabile **Währung,** den Real (R$, Plural: Reais). Im Umlauf sind Geldscheine von 2, 5, 10, 20, 50 und 100 Reais. Ab 1 R$ abwärts kursieren Münzen, die *centavos,* die wegen chronischer Geldwechselprobleme Gold wert sein können.

Für den Anfang sollte man sich einen kleinen Betrag in Euro (bzw. Schweizer Franken) mitbringen und diesen in **Wechselstuben** *(casas de câmbio)* tauschen, die häufig Reisebüros angegliedert sind (normale Geschäftszeiten). Zusätzlich braucht man eine oder zwei **Kreditkarten,** die zur Bezahlung sowie zur Barabhebung bei Bankautomaten verwendet werden können (am besten funktioniert Visa).

Abhebung an Bankautomaten ist in aller Regel auch mit einer **EC-Karte (Maestro/ Cirrus)** in **Banco do Brasil-** und **HSBC-Filialen** möglich (bis 22 Uhr). Eine günstig gelegene HSBC-Filiale befindet sich in der Rua Vinicius de Moraes 75, Ipanema (Filiale Mo–Fr 10–16, Geldautomaten tgl. 6–22 Uhr).
Travellerschecks (Reiseschecks) sind in Brasilien nahezu unbekannt.
Umtauschkurs: 1 € = ca. 3,10 R$, 1 SFr = 2,54 R$ (Juni 2014)

Gesundheit

Die privatärztliche Versorgung in Rio ist gut, auch Apotheken *(farmácias)* sind zahlreich vorhanden, oft sogar rund um die Uhr geöffnet. Das beste Krankenhaus ist das **Copa-Dor,** Rua Figueiredo Magalhães 85, Copacabana, Tel. 021

25 45 36 00, die meisten Ärzte sprechen Englisch. Zudem kann man den sehr qualifizierten und gut Deutsch sprechenden Arzt **Dr. Ralf Strattner** konsultieren (Av. N. S. de Copacabana 1018/602, Tel. 021 25 21 37 23). Er arbeitet auch für eine sehr gute Privatklinik in Gávea und kann im Notfall eine schnelle Einweisung veranlassen. Ebenfalls hilfreich ist die **Clínica Galdino Campos** (www.galdinocampos.com.br). Im Falle einer privaten Behandlung in Brasilien zahlt man in bar und lässt sich für die Reisekrankenversicherung eine Quittung ausstellen mit Angabe der Krankheit und Therapieform. Darüber hinaus ist eine private **Auslandsreise-Krankenversicherung** zu empfehlen, die bestimmte Risiken abdeckt, die von den gesetzlichen Kassen nicht übernommen werden (z. B. notwendiger Rücktransport im Krankheitsfall).

Ratsam sind die üblichen **Schutzimpfungen** gegen Tetanus (Wundstarrkrampf), Diphtherie, Typhus sowie Hepatitis A und B. Gelbfieber und Malaria kommen in Rio nicht vor, dafür gab es in der Vergangenheit einige Denguefieber-Ausbrüche, die jedoch dank staatlicher Maßnahmen und Aufklärung zurückgegangen sind.

Wasser trinkt man aus abgefüllten Plastikflaschen *(água mineral)* – niemals aus dem Hahn! Als Vorsichtsmaßnahme sollten Sie in hygienisch zweifelhaften Lokalen Getränke ohne Eis *(sem gelo)* bestellen.

Informationsquellen

… in Deutschland, Österreich, der Schweiz

Das **brasilianische Tourismusministerium** unterhielt zum Zeitpunkt der Recherche kein Fremdenverkehrsamt in Deutschland, in Österreich oder in der Schweiz. Reiseinfos der Behörde finden sich auf der Website www.visitbrasil.com.

Spartipp: Rentner ab 65 Jahren erhalten in manchen Museen und Sehenswürdigkeiten 50 % Ermäßigung gegen Vorlage von Pass/Personalausweis. Fragen Sie an der Kasse nach.

… in Rio de Janeiro

Riotur/CIAT: Av. Princesa Isabel 183, Copacabana, Tel. 021 25 41 75 22, www.rioguiaoficial.com.br, Mo–Fr 9–18 Uhr.
Infostände: u. a. Av. Atlântica (Höhe Rua Hilário de Gouveia), Copacabana, Tel. 021 25 47 44 21, tgl. 8–20 Uhr, sowie am Flughafen Galeão, am Busbahnhof Novo Rio und im Centro.
Turisrio (für Búzios, Ilha Grande, Paraty u. a.): Rua Acre 30, Centro, Tel. 021 23 34 61 53, www.turisrio.rj.gov.br, central@turisrio.rj.gov.br, Mo–Fr 9–18 Uhr.

… im Internet

Länderkennung Brasilien: com.br
www.brasilianische-botschaft.de: Infos zu Einreise, Visum etc., auch etwas Landeskunde.
www.topicos.de: Anspruchsvolle Seite der Deutsch-Brasilianischen Gesellschaft e. V., die auch die Zeitschrift »Tópicos« (Deutsch/Portug.) herausgibt.
www.riotimesonline.com: Online-Nachrichten aus Brasilien und Rio (Engl.).
www.stefan-loose.de/globetrotter-forum: Forum der Stefan Loose-Bücher, hier können Themen rund um Brasilien diskutiert werden.
www.rio2016.org.br: Offizielle Homepage der Olympischen Spiele 2016 in Rio (Engl.).
www.climatempo.com.br: Wetterseite mit recht präzisen Vorhersagen für Rio (bei »Estado« und »Cidade« jeweils »Rio de Janeiro« anwählen).

Kinder

Brasilien ist ein sehr kinderfreundliches Land. Über den Nachwuchs bekommt man noch leichter Kontakt zu den ohnehin sehr offenen und gastfreundlichen Einheimischen. Für die Allerkleinsten ist der lange Flug ein Hemmnis, ebenso die intensive Sonnenstrahlung und die oft hohen Temperaturen. Für etwas ältere Kinder bietet Rio und Umgebung jedoch viel Interessantes, z. B. die spannende Fahrt mit der Seilbahn zum Zuckerhut (s. S. 29), Strandvergnügen, Bootsfahrten (s. S. 54), Tiere im Nationalpark von Tijuca (s. S. 73) usw.

Klima und Reisezeit

In Rio herrscht **tropisches** Klima, d. h. es ist meist warm bei relativ geringen Jahreszeitenunterschieden. Am kältesten kann es im Juli/Aug. werden (15–20 °C), im Hochsommer (Jan./Feb.) sind Temperaturen um 40 °C keine Ausnahme. Die recht geringe Luftfeuchtigkeit und eine häufig wehende Meeresbrise machen jedoch auch solche Extreme erträglich. Durchweg angenehm ist es im Herbst (März–Juni) und Frühling (Sept.–Nov.).

Klimatabelle Rio de Janeiro

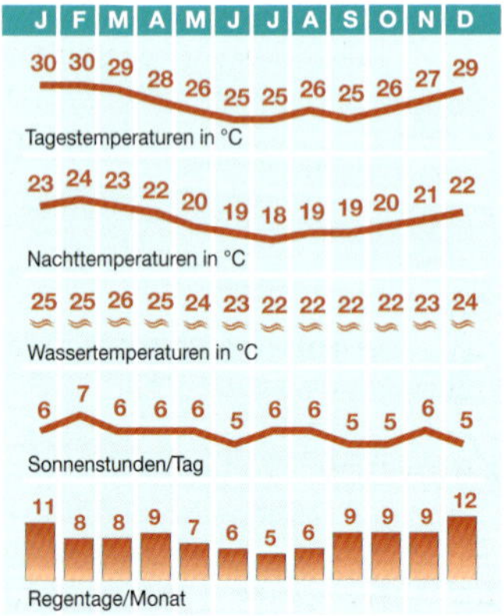

Öffnungszeiten

Banken *(bancos):* Mo–Fr 10–16, manche auch 9–17 Uhr, Geldautomaten 6–22 Uhr.
Post *(correios):* Mo–Fr 9–17 und Sa 9–12 Uhr.
Geschäfte: Im Allgemeinen Mo–Fr 9–19, Sa 9–13 Uhr, in den touristischen Vierteln auch deutlich länger. Einige Supermärkte, Einkaufscenter, Apotheken und Bäckereien schließen erst um 22 Uhr oder sind Tag und Nacht geöffnet.
Restaurants: Meist ab mittags durchgehend geöffnet.
Museen: Häufig Mo geschlossen, sonst uneinheitliche Öffnungszeiten.

Rauchen

Von Rauchern wird Rücksichtnahme erwartet, seit einiger Zeit ist das Gesetz »Rio sem Fumo« in Kraft, d. h. in geschlossenen Räumen darf nicht mehr geraucht werden. Halb draußen unter Markisen ist das Rauchen auch verboten. Die Besitzer der Etablissements achten strikt auf die Einhaltung des Verbots, da ihnen im Falle einer Missachtung empfindlich hohe Strafen drohen.

Reisen mit Handicap

In Rio ist man auf Menschen mit Behinderung noch nicht gut eingestellt, doch behindertengerechte Einrichtungen nehmen zu. Viele Hotels verfügen über Rollstuhlrampen, an Straßen und Fußwegen gibt es immer häufiger Bürgersteigabsenkungen. Busse sind in der Regel nicht auf Behinderte ausgerichtet. Die freundlichen und geduldigen Brasilianer sind aber hilfsbereit und finden in der Regel für alles eine Lösung.

Sport und Aktivitäten

Bootstouren

Saveiros Tour: ■ Karte 4, F 4 s. S. 55.
Marlim Yacht: ■ Karte 4, F 4, s. S. 55.

Klettern

Rio gilt wegen der vielen Felsen und mehr als 300 Routen als perfektes Kletterrevier. Von Mai–Okt. herrschen mildere Temperaturen und es fallen weniger heftige Niederschläge. Anfänger besteigen gerne den **Morro da Babilônia** (► F 8), den Zuckerhut oder auch den Corcovado. Anspruchsvoller ist die 842 m hohe **Pedra da Gávea.** Alle Routen sollte man mit Guide klettern, bei einigen ist zusätzliche Ausrüstung nötig. Tourinfos und Guides beim Verein **Companhia da Escalada:** Tel. 021 25 67 71 05, www.companhiadaescalada.com.br.

Kulinarisches

Cook in Rio: ■ Karte 4, F 2 Rua do Rosário 36, Centro, Tel. 021 987 61 36 53, www.cookinrio.com, Kurse (Engl.) 180 R$ p. P. inkl. Speisen und Getränke, 2–12 Pers. Die sympathische Brasilianerin Simone Almeida führt in einer sehr schönen Showküche in die Geheimnisse der brasilianischen Kochkunst ein. Unter Anleitung wird gemeinsam ein komplettes brasilianisches Menü zubereitet (u. a. *feijoada* oder *moqueca*).
Fruit Brazil: Tel. 021 988 94 98 57, www.fruitbrazil.com. Von den Machern von Cook in Rio stammt auch diese originelle Idee. Man probiert auf einem Straßenmarkt über 16 tropische Früchte in einer 90-minütigen *fruit tasting session.* Zur Auswahl stehen typisch brasilianische Früchte wie *acerola, graviola, jabuticaba, pitanga, carambola, jenipapo* u. v. m. Sessions Mo–Sa 10 Uhr, 70 R$ p. P. (inkl. kleinem Geschenk), Anmeldung auch direkt über die Website, Eingabe des gewünschten Datums möglich.

Radfahren

Rio besitzt das größte Radwegenetz Brasiliens (ca. 130 km), u. a. durchgehend an der Strandpromenade von Leblon bis zum Flughafen Santos Dumont und rund um die Lagoa Rodrigo de Freitas, und lässt sich daher hervorragend radelnd erkunden.
Bike & Lazer: ■ Karte 3, D 10, Rua Visconde de Pirajá 135, Ipanema, Tel. 021 25 21 26 86, www.bikeelazer.com.br, Mo–Fr 9–20, Sa 9–17 Uhr. 21-Gang-Räder 20 R$/Std. bzw. 80 R$/24 Std.

Segelfliegen

Seit dem erfolgreichen 3-D-Kinofilm »Rio« sind die Asa-Delta- und Paragliding-Flüge im Tandem *(voo duplo)* weltbekannt. Start ist von der Rampe der **Pedra Bonita** (nur bei Aufwind vom Meer), Landung an der Praia do Pepino (► Karte 5, C 3) im Stadtteil São Conrado. Professionelle Fluglehrer warten am Strand auf Gäste, ein Tandemflug (15–20 Min.) kostet ca. 300 R$. Der weite Blick über die grüne Hügellandschaft ist fantastisch. Allerdings sollte man sich im Klaren sein, dass es sich um eine ›Risiko-Sportart‹ handelt. Empfehlenswert sind:
Konrad Heilmann: Tel. 021 24 22 24 11, www.airadventures.net. Perfekt Deutsch sprechender Anbieter mit englischsprachigem Team, ehemaliger brasilianischer Asa-Delta-Meister.
Ricardo Lima: Tel. 021 978 14 41 03, www.flytourbrazil.com.

Strandvolleyball/Fute-Vôlei

Rio ist das Eldorado für Volleyball-Fans,

Sicherheit und Notfälle

Rio ist in den letzten Jahren sicherer geworden. Viele Favelas wurden pazifiziert und die Präsenz der Polizei hat sich sehr verbessert. Kleinere Diebstahldelikte ereignen sich v. a. an der Copacabana, in Santa Teresa sowie im Zentrum (unter den Arcos da Lapa, dem Platz vor dem Real Gabinete Português de Leitura, auf der Av. Rio Branco und nahe der Candelária-Kirche). Am besten kleidet man sich schlicht, nimmt wenig mit, packt die teure Kamera in eine Plastiktüte und verzichtet auf Rucksäcke. Diebe sind nur an Geld und Wertgegenständen interessiert, die man im Ernstfall sofort herausgeben sollte! Reagiert man gelassen, geht die Gefahr, dass etwas Schlimmeres passiert, fast gegen null.
Vermeiden sollte man bei Dunkelheit Strandbesuche nahe beim Wasser, auch durch unbelebte Tunnel sollte man nicht zu Fuß gehen. Abends sowie Samstagnachmittag und Sonntag sollte man die Innenstadt meiden, nach Geschäftsschluss ist sie wie ausgestorben (außer in den Gassen der After-Work-Partys). Ansonsten berichten fast alle Besucher, dass sie sich die Kriminalität viel schlimmer vorgestellt hätten.
Delegacia de Atendimento ao Turista: Rua Humberto de Campos 315, Leblon, Tel. 021 23 32 29 24, englischsprachige Touristenpolizei, 24 Std. geöffnet.

Generalkonsulate und Notrufnummern
Deutschland: Av. Pres. Antônio Carlos 58, Casa da Europa, Centro, Tel. 021 33 80 37 00; **Schweiz:** Rua Cândido Mendes 157, 11. Stock, Glória, Tel. 021 38 06 21 00; **Österreich:** Botschaft in Brasília, Av. das Nações, Quadra 811, Lote 40, Tel. 061 34 43 31 11
Ambulanz 192, **Feuerwehr** *(Corpo de Bombeiros)* 193,
Polizei *(Polícia Militar)* 190
Sperrung von EC-und Kreditkarten bei Verlust oder Diebstahl: 0049 116 116 (gilt nur, wenn das ausstellende Geldinstitut angeschlossen ist; Übersicht: www.sperr-notruf.de). Halten Sie Kreditkartennummer, Kontonummer und Bankleitzahl bereit.

in der Beliebtheitsskala kommt der Sport nach Fußball an zweiter Stelle. An vielen Stränden sind Teams in Aktion, die teilweise hinreißende Ballwechsel zeigen. Trainingsstunden bei **Escola de Vôlei de Praia Sandra & Elaine,** ■ **Karte 3, A 11,** Praia de Leblon, nahe Posto 12, Tel. 021 999 59 87 59, www.voleipraia.com.

Fute-Vôlei ist eine brasilianische Erfindung, die Besuchern sofort ins Auge sticht. Die Regeln sind ähnlich wie beim Strandvolleyball, nur darf hier der Ball bloß mit Brust, Schulter, Kopf und Fuß gespielt werden. Das Ballgeschick und die oft akrobatischen Einlagen lösen bei Ausländern staunende Bewunderung aus, so auch beim englischen Fußballnationaltrainer Roy Hodgson, der sich während eines Besuchs fasziniert zeigte und über einen längeren Zeitraum die Ballwechsel im Sand verfolgte.

Surfen, Kite- und Windsurfen, Stand Up Paddling

An fast allen Atlantikstränden Rios wird gesurft, besonders beliebte Spots sind in **Arpoador** zwischen Copacabana und Ipanema (Wellen 1–2 m), in **Barra-Meio** auf Höhe der Av. Sernambetiba 3100 (bis 2 m) sowie weiter außerhalb an der **Prainha** (1–3 m). Wer nur mal kurz surfen will, wird immer jemanden finden, der gegen ein Trinkgeld sein Brett ausleiht. Unterricht bei **Surf Rio Arpoador,** Tel. 021 977 79 20 03, www.surfrio.com.br, 50 R$ (in Gruppen), 80 R$ (individuell).

Anfahrt zu den weiter außerhalb gelegenen Stränden per **Surf-Bus** mit Platz für Bretter und Bodyboards, Tel. 021 35 46 18 60, www.surfbus.com.br, tgl. 7, 10, 13 und 16 Uhr ab Largo do Machado (Flamengo). Der Bus fährt an allen Stränden entlang bis Prainha, englischsprachiger Schaffner, letzte Rückfahrt 17.30 Uhr, 10 R$.

Kitesurfen wird v. a. am vorderen Strandabschnitt von **Barra** nahe der berühmten Strandbar von Pepê betrieben (Windstärken bis 40 km/h). Kurse und Ausrüstung über **Mormaii Kitepoint Rio** (Av. do Pepê, Quiosque Nr. 7, Tel. 021 88 59 21 12, www.kitepointrio.com.br, Kurse: 1000 R$/3 Std., 1700 R$/5 Std., 2800 R$/10 Std.). Auch **Windsurfen** ist hier möglich, häufiger jedoch innerhalb der **Bucht von Guanabara.**

Die neueste Mode ist **Stand Up Paddling,** besonders am Posto 6 an der Copacabana. Bretterverleih u. a. bei Boards & Co., Rua Francisco Otaviano 67, Arpoador, Kurse über Surf Rio (s. o., 60 R$/Std., 250 R$/5 Std.).

Wandern

Im **Parque Nacional da Tijuca** (▶ Karte 5, C 3) gibt es ein weitläufiges, ausgeschildertes Wegenetz (Karten im Souvenirladen am Parkeingang erhältlich). Längere Wanderungen, die von den Hauptwegen wegführen, sollte man nur in Begleitung eines erfahrenen Guides unternehmen. Sehr interessante Hiking-Touren durch den Park, die eine Mischung aus Kultur- und Naturerleben beinhalten, bietet die Agentur **Jungle Me** (Tel. 021 41 05 75 33, www.jungleme.com.br). Beliebt bei weniger geübten Wanderern ist der leichtere ›Tijuca Express Hike‹ (8–13 Uhr, davon 2 Std. Wanderung, 140 R$ p. P.), die körperlich Fitteren wählen gerne den 5-stündigen ›Tijuca Big Circuit‹ (8–17 Uhr, 180 R$ p. P., Abholung jeweils vom Hotel). Zu Beginn geben englischsprachige Guides eine Einführung in die Geschichte Rios und des Nationalparks. Weitere Touren, u. a. in die Favela Babilônia (mit Dschungel-Hike) und auf den Corcovado.

Private Stadtführungen mit dem Buchautor: Helmuth Taubald, Co-Autor dieses Buches, lebt seit 1990 in Rio und zeigt Ihnen gern die schönsten Stellen seiner Wahlheimat. Zur Auswahl stehen drei verschiedene Tagestouren durch Rio und Niterói, ein Programm am Abend und ein Ausflug in die Kaiserstadt Petrópolis. Viele Ziele werden von den Sightseeing-Bussen der Reiseagenturen gar nicht angesteuert, einige sind noch echte Geheimtipps. **Infos:** Tel. 021 992 41 37 82, www.rio-insider.com.

Telefon und Internet

Ländervorwahlen

Brasilien	00 55
Deutschland	00 49
Österreich	00 43
Schweiz	00 41

Ortsvorwahl für Rio de Janeiro: von Europa 00 55 21, innerhalb Brasiliens 0xx21 (xx steht für den jeweils genutzten Telefondienstanbieter).

Telefon: In der Südzone, besonders an der Copacabana, finden sich diverse Internetcafés mit Telefonkabinen; am besten erfragt man die nächste Adresse bei der Hotelrezeption.

Internet: Alle Hotels besitzen WLAN-Zugang, der gratis oder kostenpflichtig (bis zu 50 R$/Tag) sein kann. Zudem findet man viele Internetcafés (*LAN House*, 5–10 R$/Std.). An den Stränden von Copacabana und Ipanema gibt es kostenfreien WLAN-Zugang (Passwort: Rede Orla Internet).

Unterwegs in Rio

Metro

Rios Metro (www.metrorio.com.br, Mo–Sa 5–24, So, Fei 7–23 Uhr, Einzelfahrt/*unitário* 3,50 R$) ist recht modern, sauber und sicher. Es gibt zwei Linien, weitere Strecken werden in den nächsten Jahren hinzukommen, u. a. über Leblon, Gávea und São Conrado nach Barra da Tijuca (Linha 4).

Für die zurzeit noch verkehrenden **Metro-Anschlussbusse,** wie z. B. von Ipanema nach Leblon/Gávea, gibt es ein Metro/Bus-Verbundticket (*metrô na superfície*, 3,50 R$), das die Busfahrt bereits beinhaltet. Dieses Kombiticket muss vor Einstieg in die Metro gekauft werden, sonst wird im Bus der normale Fahrpreis fällig.

Zudem besteht ein Metro-Anschluss von Ipanema nach Barra da Tijuca (Buslinie 525: *Barra Expresso*, 4,55 R$).

Bei häufiger Metro-Nutzung empfiehlt sich der Kauf der elektronischen Sammelfahrkarte **Cartão Pré-Pago** (an Fahrkartenschaltern, Erstaufladung mind. 5 R$, jede weitere Aufladung mind. 5 R$).

Stadtbusse

Rio besitzt ein dichtes Busnetz (www.vadeonibus.com.br). Man steigt vorn beim Schaffner ein, entrichtet den Einheitspreis (3 R$), geht durch ein Drehkreuz und steigt am Ziel nach einem Knopfdruck hinten oder in der Mitte wieder aus. Der Fahrstil ist rasant, man sollte sich immer gut festhalten. Der Einstieg an einer Haltestelle muss durch Handzeichen vehement signalisiert werden.

Van-Transporter

Die privaten Van-Transporter dürfen derzeit nicht in der Zona Sul verkehren.

Taxis

Leider kommt es oft vor, dass ein Fahrer das Fahrtziel nicht ›kennt‹ (und es erst nach Umwegen findet) oder dass nicht der kürzeste Weg eingeschlagen wird. Auch sollte man darauf achten, ob in Tunneln, oder wenn der Fahrer zu viel redet, die Uhr hochgedreht wird. Die kaum vorhandenen Fremdsprachenkenntnisse der Fahrer erschweren die Kommunikation zusätzlich.

Trotzdem ist man in Rio auf Taxis angewiesen. Unbedingt sollte man (falls kein Festpreis ausgehandelt wurde) darauf achten, dass das **Taxameter** eingeschaltet und der richtige Tarif gewählt ist: Mo–Sa von 6–21 Uhr gilt **Bandeira 1** (Grundpreis 4,80 R$, je km 1,95 R$), zu den anderen Zeiten sowie an Feiertagen und im Dezember die 20 % teurere **Bandeira 2** (Grundpreis 4,80 R$, je km 2,34 R$). Dazu können weitere Kosten anfallen: z. B. 1,95 R$ pro Gepäckstück, das der Fahrer ins Auto verladen hat (aber nur, wenn es größer als 60 x 30 cm ist), und wenn einem Fahrer eine Steigung zu steil erscheint, darf er zu jeder Tageszeit die Bandeira 2 einstellen. Regelmäßig werden zudem die Tarife erhöht (zuletzt im Januar 2014 um 22 %), bloß dauert es dann monatelang, bis alle Taxameter umgerüstet sind, in diesen Übergangsphasen zückt der Fahrer am Ende eine Tabelle, aus der der Endbetrag hervorgeht.

Wenn man einen vertrauenswürdigen Fahrer kennengelernt hat, sollte man sich gleich die Telefonnummer für weitere Fahrten geben lassen.
Tarifrechner: www.tarifadetaxi.com (»Rio de Janeiro« wählen, dann bei »Origem« den Start und bei »Destino« das Ziel eingeben).
Preisbeispiele ab Copacabana (Tarif 1, ohne Staus auf kürzestem Weg): Flughafen Santos Dumont 30 R$, Flughafen Galeão 55–60 R$, Zuckerhut 20 R$, Maracanã-Stadion 35 R$, Corcovado-Zahnradbahn 25 R$, Rodoviária Novo Rio 35 R$, Lapa und Zentrum 30–35 R$, Botanischer Garten 20 R$, Ipanema 15 R$, Leblon 20 R$, Barra 50 R$.

Fahrdienste

Opco Tours: Rua Barata Ribeiro 543, sala 706, Copacabana, Tel. 021 25 45 57 48, www.opcotours.com. Erfahrene Incoming-Agentur, über die man neben maßgeschneiderten, individuellen Fahrdiensten auch kürzere und längere Ausflüge in Rio und Umgebung buchen kann.

Mietwagen

Im Allgemeinen wird vom Selbstfahren abgeraten. Wer es trotzdem wagen will, sollte sich an die großen und seriösen Unternehmen wenden. Alle haben ein Büro in der Ankunftshalle der Flughäfen.

Boote, Schiffe, Fähren

Von der **Estação das Barcas** (► F 2, Praça 15 de Novembro im Zentrum Rios, www.barcas-sa.com.br) fahren tgl. 6–23.30 Uhr alle 10–30 Min. Personenfähren *(balsas)* zum Zentrum der Nachbarstadt **Niterói** (Praça Arariboia, 20 Min., 4,80 R$). Zum Strandviertel Charitas in Niterói fahren moderne Katamaran-Schnellboote, nur Mo–Fr 6.50–21 Uhr, alle 15–60 Min. (20 Min., 13 R$). Vom selben Fähranleger geht es auch zur **Ilha de Paquetá** (► Karte 5, D 1).

Am **Pier Mauá,** Praça Mauá 10 Saúde, Tel. 021 25 16 26 18, legen die Kreuzfahrtschiffe an.

Der Umwelt zuliebe

Die Umwelt schützen, die lokale Wirtschaft fördern, intensive Begegnungen ermöglichen, voneinander lernen – sozial verantwortlicher und umweltfreundlicher Tourismus übernimmt Verantwortung für Klima, Natur und Gesellschaft. Einige Tipps, wie Sie Ihre Rio-Reise nachhaltig gestalten können:
Rio de Janeiro ›nachhaltig‹: Rio und Brasilien hinken in puncto Umweltschutz den meisten europäischen Ländern hinterher, ein ausgeprägtes Umweltbewusstsein steckt bei vielen Menschen noch in den Kinderschuhen. Passen Sie sich in erster Linie nicht der Wegwerfmentalität vieler Brasilianer an. Heben Sie Ihren Abfall bis zum nächsten Mülleimer auf, ganz besonders an Stränden, in Nationalparks und Gärten. Sagen Sie auch »Nein danke *(Não, obrigado)*« bei der exzessiven Plastiktütenausgabe in Supermärkten, Imbissen und Geschäften. Sie unterstützen die Menschen vor Ort, indem Sie beim Einzelhändler um die Ecke oder beim fliegenden Händler am Strand einkaufen. Verzichten Sie im Hotel auf täglichen Handtuchwechsel und stellen Sie Klimaanlagen und Lichter aus, wenn Sie das Zimmer länger verlassen. Bevorzugen Sie wenn möglich die öffentlichen Verkehrsmittel oder das Fahrrad statt Taxi und Mietwagen.

15 x Rio de Janeiro direkt erleben

Rio ist nicht nur Zuckerhut, Corcovado und Copacabana. Das Zentrum mit seinen vielen neokolonialen Prachtbauten und Altstadtgassen ist eine architektonische Augenweide. Im angrenzenden Bezirk Lapa setzt sich die historische Bebauung fort, in vielen Häusern eröffneten nette Bars. Sie füllen sich langsam am Spätnachmittag, nachts erklingt Livemusik.

1 | Weltberühmtes Wahrzeichen – der Zuckerhut

Karte: ► F–H 6–8 | **Bus:** 512 (Urca) ab Leblon/Ipanema/Copacabana, ca. 15–30 Min., die Haltestelle »Pão de Açúcar« wird meist angekündigt

Nahe der Copacabana liegt der bekannteste Stadthügel der Welt: der Zuckerhut mit seiner unvergleichlichen Aussicht auf Rio und die Guanabara-Bucht. An seinem Fuße finden Sie idyllische Buchten, einen kleinen Wanderpfad durch den Regenwald, hübsche Villen sowie nette Bars und Restaurants.

Der Leuchtturm Rios

Von Anfang an diente der Zuckerhut den Kolonisatoren als wichtige Landmarke, befindet sich doch gleich neben ihm die einzige schiffbare Zufahrt in die Bucht von Guanabara, an der sich die Stadt entwickelte. Der ca. 570 Mio. Jahre alte Gneisfelsen wurde erst nach der Kontinentenspaltung aus tieferen Erdschichten hochgedrückt und erhielt den Namen **Pão de Açúcar** (Zuckerbrot), weil seine konische Form Ähnlichkeit mit einem kegelförmigen Rohzuckerbehälter besitzt bzw. an den Kegel eines Zuckerhuts erinnert. Er liegt in dem erst 1921 gegründeten kleinen Stadtteil **Urca,** der als der sicherste von Rio gilt. Wegen der besonderen strategischen Lage sind hier mehrere Festungen und Marineschulen entstanden. Und so verwundert es auch nicht, dass an diesem privilegierten Ort eher reichere Bewohner in hübschen kleinen Villen leben.

Schon bei der Anfahrt sieht man an der rechten Seite der Av. Pasteur mehrere historische Prachtbauten. Da ist zunächst das frühere Hospício Pedro II., Brasiliens erste psychiatrische Klinik (1852), in der heute die **Universidade Federal do Rio de Janeiro** 1 untergebracht ist. 200 m weiter folgt das 1854 als Blindenschule gegründete **Instituto Benjamin Constant** 2 mit seinen wuchtigen Säulen und der massigen Fassade, und nochmals 200 m weiter das neoklassizistische Gebäude der **Companhia de Pesquisa de Re-**

cursos Minerais 3 mit einem geologischen Museum (Museu de Ciências da Terra) und großen Tierstatuen am Eingang.

Die Auffahrt mit der Seilbahn

Die 1912/13 von der Kölner Firma Poligh Heckel konstruierte Seilbahn (*teleférico*, auch *bonde* oder *bondinho*) ist ein historisches Pionierprojekt, gab es doch damals erst zwei solche Anlagen auf der ganzen Welt. Seitdem sind ca. 33 Mio. Besucher hochgefahren, heute kommen mehr als 1 Mio. pro Jahr. In den mit Fenstern versehenen Kabinen haben jeweils 70 Passagiere Platz. Die beste Besuchszeit für Hobbyfotografen ist der frühe Vormittag (kein Gegenlicht), am reizvollsten sind jedoch der späte Nachmittag und der Sonnenuntergang.

Spätestens an der modernen **Talstation** 4 wird man bemerken, dass die Auffahrt in zwei Etappen erfolgt. Zunächst geht es in zwei bis drei Minuten zum 220 m hohen **Morro da Urca** 5 (Hügel von Urca). Sollte sich die Spitze des Zuckerhuts in einer nicht zu verrückenden Wolke verstecken (was häufiger vorkommt), muss man nicht traurig sein, denn schon von hier aus erschließt sich eine atemberaubende Aussicht. Gleich beim Ausstieg sieht man einen Wagen der ersten Bahn aus dem Jahre 1912 sowie das zweite Modell von 1972, kurz dahinter befindet sich Rios wichtigster **Heliponto** 1 (Hubschrauberlandeplatz), von wo aus spontane Rundflüge möglich sind. Zudem kann man auf dieser Zwischenstation noch eine »Cocuruto« genannte kleine Ausstellung besichtigen sowie sich in einem Amphitheater einen Dokumentarfilm über den Zuckerhut ansehen.

Die zweite Etappe der Seilbahn führt schließlich zum 396 m hohen **Pão de Açúcar** 6. Von der kleineren Aussichtsplattform nach Ankunft gleich rechts bietet sich der beste Blick auf den Strand der Copacabana, auch sieht man den hinter Ipanema und Leblon liegenden Felsen Dois Irmãos und den Tafelberg Pedra da Gávea, von der größeren Plattform auf der linken Seite fällt der Blick auf den Corcovado und die unter ihm liegenden Stadtteile Botafogo und Flamengo sowie weiter rechts auf die Skyline des Zentrums, dann auf die lange Brücke über die Bucht von Guanabara und schließlich auf die gegenüber von Rio liegende Nachbarstadt Niterói.

Auf beiden Stationen befinden sich Food Courts und einige teure Souvenirläden. Sehr empfehlenswert ist auf dem Rückweg ein Stopp auf der Zwischenstation in der **Bar Abençoado** 1, hier gibt es erstklassige Caipirinhas – ein perfekter Sundowner.

Unterhalb des Felsens am Atlantik

Im Anschluss an den Besuch des Zuckerhuts sollte man noch 300 m nach rechts zur schönen **Praia Vermelha** 7 gehen. Dieser weniger bekannte kleine Atlantikstrand hat seinen Namen von der leicht rötlichen Färbung des Sandes. Zum Baden ist er kaum geeignet, aber für Zuckerhut-Fotos gibt es keinen besseren Standort. Am rechten Ende des Strandes liegt der öffentlich zugängliche Clube Círculo Militar da Praia Vermelha. Geht man durch eine größere halbrunde, dunkle Glastür hinein und hinten wieder heraus, gelangt man zu Rios einzigem Open-Air-Restaurant **Terra Brasilis** 2 direkt am Meer und genießt einen wahren Traumblick auf die Praia Vermelha und den Zuckerhut.

Am anderen Strandende beginnt der schattige und gerne als Joggingstrecke genutzte Wanderweg **Pista Claudio Coutinho** 2. Der einfach zu begehende, asphaltierte Weg schlängelt sich

Übrigens: Ganz in der Nähe des Zuckerhuts liegt auch das **Rio Sul Shopping Center** 1, es ist das zweitgrößte der Stadt mit 400 Geschäften, vier Kinosälen und zwei Restaurantmeilen. Von der Seilbahnstation aus ist es in 20 Minuten durch ein ruhiges Wohngebiet über die Rua Doutor Xavier Sigaud und Rua Lauro Müller erreichbar.

reizvoll um den Morro da Urca und noch ein Stück um den Zuckerhut herum und bietet einige prächtige Ausblicke. Infotafeln – z. T. auf Englisch – erklären Details des 91,5 ha großen Naturschutzgebiets **Monumento Natural dos Morros do Pão de Açúcar e da Urca.**

An der Bucht von Guanabara

Urca ist das einzige Viertel in Rio, das wie eine Landzunge sowohl am Atlantik als auch an der Bucht von Guanabara liegt. Vom Zuckerhut aus kann man entlang einer wunderschönen Promenade in 25–30 Minuten bis an die Spitze der Halbinsel laufen. Von der Praia Vermelha aus geht es über den Platz zurück, vorbei an der martialisch klingenden Escola de Guerra Naval (»Schule für Schiffskriege«), und dann die erste Straße nach rechts durch die Rua R. Franco bis zur Promenade der Av. Portugal am Ufer der Bucht. Von dort sieht man links Rios wichtigsten **Jachthafen** 8. Nach rechts an der Mauer entlang folgt einer der schönsten Spazierpfade der Stadt. Auf der anderen Straßenseite stehen herrschaftliche Villen und bei Hausnummer 772 die kleine **Igreja N. S. do Brasil** 9 mit einer blau-weiß gekachelten Azulejo-Fassade (nur zu Gottesdiensten geöffnet). Nach 15 Minuten führt der Weg an der Praia da Urca mitten durch das frühere **Kasino** 10, nach dem Spielverbot 1946 beherbergte es von 1951 bis 1980 Brasiliens erste Fernsehstation TV Tupi, derzeit steht es leer.

Gleich dahinter folgt die beliebte Bar **Garota da Urca** 3, sie liegt hübsch vor einem kleinen, leider nicht sauberen Buchtstrand mit Blick auf den Corcovado und die Christus-Statue. Einen weiteren Kilometer die Promenade hinauf stoßen Sie auf die **Bar Urca** 4. Der gegenüberliegende Abschnitt des Kaimäuerchens hat sich zu einem beliebten Treffpunkt entwickelt, ab dem späten Nachmittag und besonders am Wochenende wird es hier voll, Getränke und Snacks kommen von der Bar. Eine richtige Mahlzeit bekommt man im Obergeschoss des Lokals, von dort ist der Blick auf die Bucht sogar noch schöner. Die Straße geht nur noch 100 m weiter bis zur **Fortaleza de São João** 11, genau dort wurde 1565 von dem portugiesischen Feldherrn Estácio de Sá der Ort São Sebastião do Rio de Janeiro gegründet (keine Besichtigung möglich, 100 m weiter halten die Buslinien 511 und 512).

Tipp

Bedenken Sie, dass insgesamt vier Seilbahnfahrten mit z. T. längeren Wartezeiten anfallen. Besuchen Sie den Zuckerhut also nicht unter Zeitdruck, besonders in der Hauptsaison, und heben Sie das Ticket bis zum Schluss auf.

Infos

Museu de Ciências da Terra 3: Av. Pasteur 404, Di–So 10–16 Uhr, Eintritt frei. Neben geologischen (Mineralien, Meteoriten) auch paläontologische Exponate (Fossilien, Dinosaurier).

Seilbahn zum Zuckerhut 4: Av. Pasteur 520, www.bondinho.com.br, tgl. 8–21 Uhr, Kassenschluss 19.50 Uhr, alle 20 Min., bei hohem Besucherandrang häufiger, Eintritt 62 R$ (50 % Ermäßigung für Über-60-Jährige sowie internationale Studenten; auch bei Zahlung mit Kreditkarte Ausweis vorlegen).
Helisight Hubschrauberrundflüge 1: Tel. Mo–Fr 021 25 11 21 41, Sa, So, Fei 021 25 42 79 35, www.helisight.com.br, tgl. 9–18 Uhr, kürzester Flug 6 Min., 240 R$ p. P., mind. 3 Pers.
Pista Claudio Coutinho 2: Wanderung hin und zurück 2,5 km, ca. 30–40 Min., tgl. 6–18 Uhr.

Essen und Trinken

Abençoado 1: Tel. 021 22 75 89 25, www.abencoado-rio.com.br. Sehr gute Frucht-Caipirinhas (17–25 R$); der für das Restaurant hergestellte Cachaça (Magnífica) ist in Flaschen zu kaufen (35 R$). Gut sind auch die *petiscos*, z. B. *Pastel de Camarão* (16 R$/4 Stück.).
Terra Brasilis 2: Praça General Tibúrcio, Tel. 021 22 75 46 51, tgl. 11.30–23 Uhr, vorwiegend brasilianische Küche (38–54 R$), auch Pizza (26–37 R$), Mi–Fr ab 20 Uhr und So ab 13 Uhr Livemusik. Innen befindet sich zudem ein klimatisiertes Self-Service-Lokal (47–51 R$/kg, Mo–Fr 11.30–16, Sa, So 12–16 Uhr).
Garota da Urca 3: Av. João Luis Alves 56, tgl. 12–1 Uhr.
Bar Urca 4: Rua Cândido Gaffrée 205, www.barurca.com.br, Mo–Sa 8–23, So 8–20 Uhr (Restaurant ab 11 Uhr), im Winter Mo geschl. Zu empfehlen sind Fisch- und Meeresfrüchtegerichte, z. B. *Cherne grelhado* – ein gegrillter Meeresfisch – in Krabbensoße (103 R$/2 Pers.).

Einkaufen

Rio Sul Shopping Center 1: Rua Lauro Müller, Tel. 021 21 22 80 70, www.riosul.com.br, Mo–Sa 10–22, So/Fei Läden 15–21 Uhr, Restaurants und Kinos 12–22 Uhr. Busse nach Copacabana fahren von der anderen Straßenseite ab. Kostenloser Shuttlebus für registrierte Hotelgäste (Free Bus RIOSUL): Abfahrt um ca. 12, 14, 16, 18 und 21.30 Uhr, So seltener. Nach Laranjeiras/Santa Marta (s. S. 45) fahren die Busse 570 und 583.

2 | Der Mythos lebt – die Copacabana

Karte: ► E–H 8–11 | **Metro:** Cardeal Arcoverde, Siqueira Campos, Cantagalo

Riobesucher zieht es schnell an die Copacabana, um den berühmtesten Stadtstrand der Welt zu sehen. Er ist nicht nur ein Symbol Rios, sondern ganz Brasiliens. Hier bieten sich herrliche Ausblicke über die ganze Bucht. Ein Spaziergang auf der kilometerlangen Promenade ist auch ein Streifzug durch eine glorreiche Geschichte, die 1923 mit der Eröffnung des Copacabana Palace Hotels begann und bis heute ihren Glamour bewahrt hat.

Lange Zeit war die Copacabana unbesiedelt und schwer oder nur per Boot zu erreichen, bis 1892 vom Stadtteil Botafogo aus ein Verbindungstunnel gebaut wurde und die Straßenbahn erste Wochenendausflügler vom Zentrum bis ans Meer brachte. Doch nur wenige wollten damals ihr Domizil hierher verlegen, der große Ansturm begann erst in den 1940er-Jahren. Viele schöne Villen entstanden, das gesellschaftliche und kulturelle Leben blühte auf, in den Bossa-Nova-Lokalen spielten die bedeutendsten Musiker des Landes. Auch für die Konsumwelt wurde das Viertel Trendsetter: 1952 eröffnete das erste Fast-Food-Lokal Brasiliens und 1955 der erste Supermarkt.

In den 1970er-Jahren setzte ein Prozess der sozialen Umstrukturierung ein. Die Reichen oder deren Kinder zogen nach Ipanema um und die meisten der schönen alten Villen wurden durch billige Hochbauten ersetzt. Immer mehr bestimmte die untere Mittelschicht den Charakter des Viertels, in den 1980er-Jahren führte eine allgemeine Wirtschaftskrise zu einem drastischen Anstieg der Kriminalität. Seit den 1990er-Jahren erholte sich das Viertel, die historische Architektur ist zwar kaum noch vorhanden, aber die Copacabana ist nun sicherer und sauberer geworden.

In einem der am dichtesten besiedelten Areale der Welt wohnen heute ca. 150 000 Menschen aller sozialen Schichten und Hautfarben, ein Drittel davon Rentner. Die meisten Touristen wählen hier ihr Hotel, das Angebot ist groß, auch gibt es an der Avenida Atlântica und besonders in den Seitenstraßen viele nette Bars und Restaurants.

Toller Aussichtspunkt in Leme

Der Promenadengang beginnt in Leme, dem kleinen Nachbarviertel der Copacabana. Ein toller Aussichtspunkt liegt an einem Anglerpfad *(Caminho dos Pescadores)* am Fuße eines hohen Felsens, des **Morro do Leme** 1, von dort überblickt man die ganze Bucht und den Corcovado. Zurück auf der Promenade liegt gleich am Anfang die Strandbar **Quiosque Chopp Brahma** 1, von der aus man besonders schön den Sonnenuntergang bewundern kann.

Nach 50 m fallen auf der rechten Seite die bunten Fahnen der Churrascaria **Marius Degustare** 2 auf. Es ist eine der schönsten der Stadt, aber auch die teuerste und touristischste. Einen Blick wert ist zumindest die total verrückte, an eine Piratenhöhle erinnernde Deko. Wer einen Eindruck eines typischen Wohngebiets von Rio bekommen möchte, sollte hier ein Stück durch die parallel verlaufende **Rua Gustavo Sampaio** schlendern. In der schattigen, grünen Straße liegen viele kleine Bars, Restaurants und Geschäfte.

Flanieren und Ausgehen an der Praia de Copacabana

Nach 1 km geht die Praia do Leme in die 3,2 km lange **Praia de Copacabana** über. Hier sind an jedem Sonnentag der Woche Badegäste anzutreffen, dennoch ist sie wegen des breiten Sandstreifens selten überfüllt. Das Wasser ist relativ sauber, nur höhere Wellen und stärkere Strömungen mahnen zur Vorsicht beim Baden. Auf dem Weg fallen die wellenförmig angeordneten portugiesischen Pflastersteine ins Auge, das berühmte Muster geht zurück auf den halb deutschstämmigen Landschaftsarchitekten Roberto Burle Marx.

Rechter Hand taucht die **Praça do Lido** 2 auf, ein kleiner grüner Park, neben dem sich die gute und preiswerte Churrascaria **Carretão Lido** 3 befindet. Vor dem Park starten neuerdings die Vans zum Corcovado (s. S. 99). Kurz darauf treffen Sie auf den neoklassizistischen Prachtbau des Grandhotels **Copacabana Palace** 3 (s. S. 89), inspiriert vom Negresco in Nizza und dem Carlton in Cannes. Es trug viel zum Copacabana-Mythos bei, wohnten doch hier von 1923 bis heute viele Prominente, welche die ›Prinzessin des Meeres‹, wie das Viertel auch genannt wird, weltberühmt machten.

An der Promenade reiht sich nun eine Strandbar an die andere, die neueren haben sogar unterirdisch angelegte Toiletten und Duschen zu bieten, am Wochenende gibt's abends oft Livemusik. Zwischen Rua Constante Ramos und Rua Miguel Lemos liegt der interessanteste Ausgehbezirk Copacabanas, der sogenannte **Baixo Copa,** wo viele – auch nachmittags schon belebte – Kneipen und Bars Publikum anlocken, z. B. **Devassa** 1, **Belmonte** 2, **Boteco da Garrafa** 3 oder **Informal** 4. Im vegetarischen Restaurant **Bio Carioca** 4 finden Sie hier zudem eine Alternative zu all den Fleischtempeln der Umgebung.

Auf dem letzten Drittel des Weges erscheint die Baustelle des futuristischen **Museu da Imagem e do Som** 4 (Bild-Ton-Museum), das nach seiner geplanten Fertigstellung Ende 2014 das meistbesuchte Museum Brasiliens werden soll. Alles von Bossa Nova bis Samba und die nationale Filmgeschichte werden hier zu hören bzw. zu sehen sein. Eine Panoramaterrasse mit Glasfront und Blick auf die Copacabana, das Meer und den Zuckerhut soll ein weiterer Anziehungspunkt werden. Gegenüber findet jeden Abend ab 18 Uhr ein offener **Kunsthandwerksmarkt** 1 (*Feira de Artesanato*, s. S. 99) statt. Ein kleines Stück weiter ist ein Haus mit zwei gerundeten Fassaden zu sehen, das Edifício Ypiranga. Im obersten Stockwerk befand sich das **Büro von Oscar Niemeyer** 5, dem berühmten Architekten und Gestalter der Hauptstadt Brasília, der hier bis kurz vor seinem Tod mit 104 Jahren (2012) noch an zahlreichen Projekten arbeitete.

Am Ende des Strandes begegnet man dem sinnend auf einer Bank sitzenden großen Dichter **Carlos Drummond de Andrade** 6, seine Brille scheint sehr begehrt zu sein und wird immer wieder gestohlen. Zuletzt taucht eine kleine **Fischerkolonie** 7 *(Colônia dos Pescadores)* mit kleinem Fischmarkt auf, fast jeder schießt hier ein paar Fotos von den bunten Booten mit Strand und Zuckerhut im Hintergrund.

Forte de Copacabana und Arpoador

An der näher bei Arpoador und Ipanema gelegenen Strandseite befindet sich auf einer Landzunge das noch immer vom Militär genutzte **Forte de Copacabana** 8 (1914). Vorher stand dort eine Kapelle mit einer vom Titicacasee stammenden Statue der Heiligen Nossa Senhora de Copacabana, Schutzpatronin der Seefahrer und Namensgeberin des Stadtteils. In den katakombenartigen früheren Unterkünften der Soldaten sieht man in drei Sälen militärische Geräte, Kanonen, Bilder und Fotos aus Kolonialzeit, Kaiserreich, Republik und der Entstehungszeit der Festung (1908–14). An der Spitze des Festungsgeländes steht man auf einem Felsen, von dem eine enorme Kanone auf die Copacabana zielt.

Auf dem Festungsgelände gibt es zudem eine Filiale des berühmten Kaffeehauses **Confeitaria Colombo** 5, von den Tischen im Freien bietet sich ein einzigartiger Seitenblick auf die Copacabana und den Zuckerhut. Dahinter liegt noch das kleine **Café 18 do Forte** 6, das denselben prächtigen Ausblick bietet, und wo man vielleicht noch einen freien Tisch findet, wenn der Andrang im Colombo mal wieder zu groß ist. Der Besuch des Forts kostet übrigens auch dann Eintritt, wenn man nur eines der Cafés besuchen möchte. Das gepflegte und angenehm zu erkundende Gelände lohnt aber unbedingt den Beitrag.

Anschließend kann man noch ein Stück weiter bis **Arpoador** gehen, ein kleines und sehr reizvolles, zwischen Copacabana und Ipanema gelegenes Viertel. Der Weg führt durch die letzte Straße der Copacabana, die Rua Francisco Otaviano, wo es etliche Geschäfte für Surfmode und -zubehör gibt. Kurz nach den Läden geht man nach links durch den **Parque Garota de Ipanema** 9 und gelangt zum Felsen von Arpoador, den man besteigen kann. Etwa 200 m an der Promenade entlang folgt das Restaurant **Azul Marinho** 7, ein beliebter Treffpunkt und vor allem zum Sonnenuntergang ein idealer Abschluss der Wanderung.

Per Bike über die Promenade

Wer lieber radelt, kann sich bei **Bike & Lazer** in Ipanema (s. S. 21) ein Fahrrad ausleihen. Besonders schön ist das am Sonntag, wenn die Strandseite der Avenida Atlântica für Autos gesperrt ist.

Infos

Touristeninformation (Riotur): Strandpromenade auf Höhe der Rua Hilário de Gouveia, Tel. 021 25 47 44 21, tgl. 9–21 Uhr.

Museu Histórico do Exército e Forte de Copacabana 8: Av. Atlântica, Posto 6, Tel. 021 22 87 37 81, Ausstellungen Di–So 10–18 Uhr, Außenanlagen Di–So 10–20 Uhr, 6 R$ (Studenten und Besucher ab 60 Jahren mit Ausweis 3 R$).

Essen und Trinken

Marius Degustare 2: Av. Atlântica 290, www.marius.com.br, tgl. 12–24 Uhr, All-you-can-eat-Churrasco 170 R$ p. P. (inkl. Meeresfrüchten).

Carretão Lido 3: Rua Ronald de Carvalho 55 A, www.carretao.com.br, tgl. 12–24 Uhr, 59 R$ p. P., Sa, So 64 R$, Nachtisch und Getränke gehen extra.

Bio Carioca 4: s. S. 97.

Confeitaria Colombo 5: Forte de Copacabana, Tel. 021 32 01 40 49, www.confeitariacolombo.com.br, Di–So 10–20 Uhr, Zugang über das Festungsgelände. Bei großem Andrang Warteliste für Außentische, Di–Fr Reservierung über colombo@confeitariacolombo.com.br möglich. Do Livemusik von 17.30–20 Uhr (ohne Couvert). Kuchen und Torten 10–11 R$, Cappuccino 7 R$.

Café 18 do Forte 6: Forte de Copacabana, Tel. 021 25 23 01 71, Di–So 10–20 Uhr.

Azul Marinho 7: s. S. 94.

Tanzen und Loungen

Devassa 1: s. S. 108.

Belmonte 2: s. S. 107.

Boteco da Garrafa 3: Rua Bolívar 27, Mo–Do 16–1, Fr 16–3, Sa 15–3, So 12–1 Uhr.

Informal 4: Rua Domingos Ferreira 215, tgl. 12–1 Uhr.

3 | Boulevard der Schönen und Reichen – am Strand von Ipanema

Karte: ▶ B–E 10/11 | **Metro:** Ipanema/General Osório

Für die Bewohner von Rio gilt Ipanema als der schönste und feinste Strand der Stadt. Hier treffen sich gern Gays oder Studenten und flanierte früher auch das »Girl from Ipanema« entlang. In den hinteren Straßen befinden sich viele schicke Bars, Cafés, Restaurants, Boutiquen sowie die Edelsteinmuseen von H. Stern und Amsterdam Sauer.

Die Strandstraße von Ipanema, **Avenida Vieira Souto,** gilt zusammen mit der von Leblon als die beste Adresse der Stadt. Der Unterschied zur Copacabana ist gleich an den moderneren und stärker vergitterten Apartmenthäusern zu erkennen. Davor liegt Rios beliebtester Strand, zumindest aus Sicht der wohlhabenderen Cariocas. Von der felsigen Landzunge **Pedra do Arpoador** 1 genießt man einen weiten Blick über die Bucht bis hin zum Zwillingsfelsen Dois Irmãos, dem inoffiziellen Wahrzeichen Rios. Das Panorama ist durchaus erhaben, »World Travel Award« hat die Praia de Ipanema gar zum besten Strand des ganzen Kontinents gekürt. Direkt an der Strandstraße gibt es keine Restaurants, dafür aber die schöne **Bar Astor** 1.

Nahe dem Rettungsposten **Posto 8** 2, etwa auf der Höhe der Rua Farme de Amoedo, trifft sich Rios große Gay-Gemeinde. Viele sind Ausländer, hat sich doch die Stadt zum besten Gay-Reiseziel der Welt entwickelt. Einen Kilometer weiter versammelt sich um den **Posto 9** 3 die studentische Jugend, es

Übrigens: Die Brandung ist oft sehr kräftig, beim Baden sollten Sie entsprechend vorsichtig sein, nicht umsonst bedeutet ›Ipanema‹ in der Sprache der Tupi-Indios so viel wie ›gefährliche‹ oder ›trügerische Wasser‹.

ist der belebteste Strandabschnitt der ganzen Stadt, über dem auch schon mal ein leichter Marihuana-Duft weht. Ende der 1960er-Jahre blühte hier trotz strenger Militärdiktatur eine Hippie-Kultur auf, mit der sich auch die Bikinimode durchgesetzt hat. Bis heute sieht man hier noch die aufregenden Körperformen, für die Rio berühmt geworden ist. Und nirgendwo sonst wird so viel Sport betrieben, sei es Volley- oder Fußvolleyball, Joggen oder Surfen.

Fast beim Posto 9 bietet sich im **Quase Nove** 1, einer der besten und traditionellsten Strandkioske der Stadt, eine erste Rast an. An den Wochenenden finden hier ab 17.30 Uhr Live-Jamsessions statt (Bossa Nova, Samba und MPB) – eine persönliche Widmung von Bossa-Nova-Legende Tom Jobim hängt seitlich am Kiosk.

Hinein ins Shopping-Paradies

Um das Strandflair von Ipanema noch etwas auszukosten, kann man die Promenade bis zur **Rua Garcia d'Ávila** 1 weiterlaufen und dann in diese noble Shoppingstraße – die schickste und teuerste ganz Rios – einbiegen. Nur zwei Blocks vom Strand entfernt trifft man auf die **Rua Visconde de Pirajá** 2, Ipanemas wichtigste Einkaufsmeile. Hier befinden sich Boutiquen und Nobelgalerien, aber auch einfachere Einkaufspassagen. Außerdem residieren hier die wichtigsten Juweliere Rios: Zum Geschäftshaus von **H. Stern** 3 gibt es von den meisten Hotels aus Gratistransfers ohne Kaufverpflichtung, bei Ankunft wird man oft sogar in deutscher Sprache empfangen und durch die Werk- und Verkaufsräume geführt. Gleich nebenan befindet sich die Konkurrenz **Amsterdam Sauer** 4 mit einem sehr interessanten Edelsteinmuseum.

Die umliegenden, von Bäumen gesäumten Straßen (zwischen Rua Visconde de Pirajá, Rua Anibal de Mendonça und Rua Nascimento da Silva) bergen die elegantesten Geschäfte von Rio, nette Straßencafés wie das **Alessandro & Frederico Café** 2 und tolle Restaurants wie das **Via Sete** 3.

Auf den Spuren des Bossa Nova

Was wäre Ipanema ohne den Bossa Nova? In der Rua Vinícius de Moraes Nr. 129 kommt man ihm so nah wie nirgends sonst. **Toca do Vinícius** 5, ist das bestsortierte Geschäft für alles rund um diesen Musikstil. Auf der anderen Seite der Av. Visconde de Pirajá gelangt man an der Ecke zur Rua Prudente de Moraes zur nächsten Bossa-Nova-Ikone, der Bar **Garota de Ipanema** 4 (Mädchen von Ipanema). 1963 hieß sie noch Veloso, bis ein dort vorbeikommendes Mädchen die Stammgäste Vinícius de Moraes und Antônio Carlos ›Tom‹ Jobim zur Komposition von Brasiliens größtem internationalen Musikerfolg aller Zeiten inspirierte. Der Song »The Girl from Ipanema« machte den Bossa-Nova-Stil schlagartig weltberühmt. Erst seitdem kennen viele Ausländer neben der Copacabana auch den Namen Ipanema und besuchen gern die mit alten Fotos, Instrumenten und Musiknoten geschmückte Bar. Leider ist das Restaurant inzwischen recht touristisch. Für einen Drink ist es in Ordnung, nur essen sollte man woanders.

Per Aufzug in eine Ex-Favela

Nahe der Praça General Osório, ein von diversen Bars und Restaurants umgebener Platz, wo sonntags der seit 1968 existierende **Hippie-Markt** 6 (*Feira Hippie*, s. S. 99) stattfindet, befindet sich ein 2010 errichteter, höchst moderner Aufzug (*elevador*, Mo–Sa 5–24, So 7–23 Uhr), der zum **Complexo Rubem Braga** 4 gehört. Oben angelangt, steigt man drei Treppen hinauf zum Aussichtspavillon **Mirante da Paz,** dem höchsten Punkt Ipanemas, und genießt von dort einen weiten Rundblick. Über eine Brücke kann man gefahrlos auf eigene Faust einen Rundgang durch die kleine Ex-Favela **Cantagalo** anschließen, die 2009 pazifiziert wurde. Die große Mehrheit der Bewohner ist den vielen neuen Gästen wohlgesonnen und zeigt sich selbstbewusst und optimistisch. Die Regierung kümmert sich schließlich wieder um sie, es gibt diverse Sozial- und Sanierungsprojekte und nicht zuletzt diesen imposanten Aufzug, dessen weithin sichtbare Konstruktion schon ein Stück Integration in das noble Ipanema darstellt.

Infos

H. Stern 3: Rua Garcia d´Ávila 113, Tel. 021 32 04 13 34, www.hstern.net, Mo–Fr 9–18, Sa 9–13 Uhr. Lateinamerikas größter Juwelier (vor über 60 Jahre vom deutschstämmigen Hans Stern gegründet) verkauft seltene brasilianische Edelsteine, z. B. die blaugrünen Turmaline oder Imperialtopase aus der letzten Mine der Welt in Minas Gerais. Gratis Zwölf-Minuten-Tour mit Audioprogramm durchs hauseigene Museum.

Amsterdam Sauer 4: Rua Visconde de Pirajá 484, Tel. 021 35 39 01 65, www.amsterdamsauer.com.br, Mo–Fr 9–19.30, Sa 9–16 Uhr. Der Nachbar von H. Stern ist vor allem für seine schönen Smaragde bekannt.

Toca do Vinícius 5: s. S. 99.

Essen und Trinken

Bar Astor 1: s. S. 105.

Quase Nove 1: Mo–Do 8–23, Fr–So 8–1 Uhr, im Sommer länger. Jamsessions Fr–So 17.30–22 Uhr (kein Couvert). Leckere *Salgados* (5 R$), Escondidinho de Carne Seca (24 R$), Frucht-Caipis (ab 14 R$) und *chope* (400 ml) für 6 R$.

Alessandro & Frederico Café 2: Rua Garcia d'Ávila 134, www.alessandroefrederico.com.br, tgl. 8–1 Uhr. Nette Außenterrasse, Frühstück ab 8 Uhr, mittags Executive-Menü (ca. 43 R$), am Abend romantisch mit Gaslämpchen auf den Tischen. (Pizzeria des gleichen Hauses in Nr. 151, tgl. 12–1 Uhr).

Via Sete 3: s. S. 95.

Garota de Ipanema 4: Rua Vinicius de Moraes 49, Tel. 021 25 22 03 40, tgl. 12–1 Uhr.

4 | Topläden und Gourmettempel – im noblen Leblon

Karte: ► A/B 10/11 |
Bus: fast alle westwärts fahrenden Linien von Copacabana und Ipanema

Bei einem Besuch in Leblon erwartet Sie ein ebenso bunter wie exklusiver Programmreigen. Spazieren Sie über die Strandpromenade, an noblen Geschäften und zwei der feinsten Shoppingzentren vorbei und durch Rios Top-Gastronomie- und Barmeile.

Das Viertel Leblon grenzt direkt an Ipanema, es beginnt hinter dem Jardim de Alah, einem kleinen Park mit einem Stichgraben vom Meer zur Lagoa Rodrigo de Freitas. Der Strand von Ipanema geht in die 1,3 km lange **Praia do Leblon** über, die bis dicht an den Zwillingsfelsen **Dois Irmãos** reicht. Mit diesem wunderbaren Panorama im Blick genießen Sie einen weiteren Topstrand von Rio. Auch hier begegnen Ihnen Jogger, Walker, Radfahrer und Sie können Strandvolleyballer beim Training beobachten – Rio macht Lust auf Bewegung.

In Leblon gibt es nur wenige Hotels, die einzigen am Strand liegenden sind das Marina Palace Hotel und Marina All Suites (s. S. 89), beide bieten reizende Bars und Restaurants. Wer Lust auf eine Caipirinha hat, bekommt diese in nettem Ambiente im Strandkiosk **Bar da Cidade** 1. Am Ende der Promenade steht der verdenkmalte Journalist **Zózimo Barrozo** und blickt versonnen aufs Meer, neben sich noch seine Schreibutensilien und die alte Schreibmaschine. Davor schlängelt sich nach links die Av. Niemeyer, nach wenigen Metern gelangt man zu dem Aussichtspunkt **Mirante do Leblon (Mirante H. Stern)** 1, erkennbar an zwei kleinen Bars im Freien. Von oben bietet sich ein weiter Blick über die Strände von Leblon und Ipanema bis zum Felsen von Arpoador, weit hinter den Häuserblocks erhebt sich majestätisch der Corcovado mit der Christus-Statue. Von unten schlagen die Wellen auf gewaltige Felsenriffe, oft spritzt die Gischt bis zum Steg des Aussichtspunktes hinauf. Wegen der kräftigen Brandung sind an diesem Meeresabschnitt *(Pontão do Leblon)* oft Surfer anzutreffen. Ein weiteres imposantes Panorama bietet sich auf der anderen Seite des Holzstegs, wo der Blick auf das Sheraton-Hochhaus – mit eigener Bucht und Badestrand – sowie auf die sich dahinter an den Hang schmiegenden Häuser der Favela Vidigal fällt.

Abseits des Strandes

Auf dem Rückweg geht es ein Stück auf dem Promenadenweg der Av. Delfim Moreira entlang, sie ist wie die Av. Vieira Souto von Ipanema eine der besten Adressen der Stadt. Ab 1878 war dieser Strandabschnitt noch ein Refugium für entflohene Sklaven *(quilombo)*, heute wohnt hier die weiße Oberschicht in modernen Apartmenthäusern, nirgendwo sonst in Brasilien ist der Reichen- und Prominentenanteil so hoch.

Über die Av. Bartolomeu Mitre geht es dann vom Strand weg, vorbei an der **Praça Antero de Quental** 2, wo derzeit bis 2016 eine neue Metro-Station errichtet wird, und links in die **Av. Ataulfo de Paiva** 1, einem weiteren exklusiven Einkaufsboulevard von Rio. Schon an den über den Kreuzungen hängenden Straßenschildern merkt man, dass man in einem gut organisierten Viertel unterwegs ist. Nach kurzer Zeit erreicht man auf der rechten Seite **Talho Capixaba** 2, ein Delikatessenparadies mit eigener Bäckerei, deren Brot fast europäischen Standard erreicht.

Beste Gastromeile der Stadt

An der sechsten Kreuzung biegen Sie rechts in die **Rua Dias Ferreira,** die vielleicht beste Gourmetmeile ganz Südamerikas. Dicht beieinander liegen hier mehr als 30 Bars und Restaurants, nirgendwo sonst finden sich in Rio so viele und so gute Optionen auf so engem Raum. Am besten schlendert man hier einfach entlang und lässt sich überraschen. Besonders zu empfehlen sind das Salatlokal **Celeiro** 3, das Grillrestaurant **Zuka** 4, gleich gegenüber der mehrfach preisgekrönte Japaner **Sushi Leblon** 5 und das thailändische **Sawasdee Bistrô** 6.

Mode und Shoppingtempel

Gleich neben dem schönen Buchladen **Livraria Argumento** 2 kommen Modefans bei Hausnummer **417** 3 auf ihre Kosten: **Patrícia Viera** (Lederwaren), **Marcela B.** (Schuhe), **Gilda Midani** (Batik) und weitere international bekannte Designer verkaufen hier auf mehreren Etagen ihre Stücke. Interessant ist auch ein Gang durch die große Markthalle **Cobal Leblon** 4. Man schlendert durch Verkaufsstände für Obst, Gemüse, Käse, Blumen usw. oder setzt sich abends in eine der Bars.

Wem es nach weiterem Shoppingspaß gelüstet, sollte bis zum Ende der Rua Humberto de Campos zu zwei der edelsten Einkaufszentren von Rio spazieren. Das **Shopping Leblon** 5 gefällt durch sein in Weiß gehaltenes Innendesign, sehr nett sitzt es sich im 1. Stock bei einem Kaffee mit Blick auf den gläsernen Panorama-Fahrstuhl (›Espaço Leblon‹), oft bei Live-Pianomusik. Im 4. Stock haben Sie in einem großen Food Court reichlich kulinarische Auswahl. Direkt gegenüber liegt das nicht minder schicke **Rio Design Leblon** 6.

Auf ins Nachtleben

An der Kreuzung Rua Dias Ferreira/Av. Bartolomeu Mitre beginnt das sogenannte **Baixo Dias Ferreira,** der In-Spot des Viertels. Hier liegen die angesagtesten Bars und Kneipen, beginnend mit **Azeitona & Cia.** 1 und **Chico &**

Alaíde 2. Auf der anderen Straßenseite, in der Rua Conde de Bernadotte, liegen in der Ladengalerie Terrasse Centre eine Reihe weiterer stets belebter Straßenbars, u. a. die **Academia da Cachaça** 3 und **Desacato** 4.

Essen und Trinken

Bar da Cidade 1: Av. Delfim Moreira, 24 Std., Caipirinha ab 15 R$.
Talho Capixaba 2: Av. Ataulfo de Paiva 1022, Tel. 021 25 12 87 60, www.talhocapixaba.com.br, tgl. 7–22 Uhr. Sandwiches nach Gewicht; Brot und Zutaten wählt man am Tresen aus.
Celeiro 3: s. S. 97.
Zuka 4: s. S. 93.
Sushi Leblon 5: Rua Dias Ferreira 256, Tel. 021 25 12 78 30, www.sushileblon.com, Mo 12–16, 19–1, Di–Sa 12–1, So 13–24 Uhr. Rios bester Japaner, viele Promis, immer voll.
Sawasdee Bistrô 6: Rua Dias Ferreira 571 A, Tel. 021 25 11 00 57, www.sawasdee.com.br, Mo 19–24, Di, So 12–23, Mi, Do 12–24, Fr, Sa 12–1 Uhr. Tolles Thai-Restaurant, ca. 50 Gerichte zur Auswahl (33–79 R$).

Shop 'til you drop

Livraria Argumento 2: s. S. 99.
Patrícia Viera, Marcela B., Gilda Midani 3: s. S. 102, 101, 102.
Cobal Leblon 4: Rua Gilberto Cardoso, Mo–Sa 8–18, So 8–13 Uhr, Bars bis 3 Uhr.
Shopping Leblon 5: s. S. 102.
Rio Design Leblon 6: s. S. 102.

Ausgehszene

Azeitona & Cia. 1: Rua Dias Ferreira 647, Tel. 021 25 40 51 66, tgl. 12–24 Uhr.
Chico & Alaíde 2: s. S. 105.
Academia da Cachaça 3: Rua Conde de Bernadotte, Tel. 021 22 39 15 42, So–Do 12–1, Fr, Sa 12–2 Uhr.
Desacato 4: Rua Conde de Bernadotte, Tel. 021 25 12 73 73, Mo 12–16, Di–Do, So 12–24, Fr, Sa 12–2 Uhr.

5 | Wasser und exotische Pflanzen – Lagune und Botanischer Garten

Karte: ► A–D 8–10 | **Anfahrt:** von Ipanema/Leblon zu Fuß oder per Fahrrad, sonst am besten mit dem Taxi | **Bus:** 162, 570, 584

Die Lagoa Rodrigo de Freitas ist eine schön gelegene Lagune, die man auf einem Promenadenweg umwandern oder mit dem Fahrrad umfahren kann. Auf halber Strecke bietet sich ein Besuch des Botanischen Gartens an, außerdem lohnt ein Abstecher zum Aussichtspunkt Vista Chinesa.

Die Lagoa Rodrigo de Freitas

Die wie ein Binnensee wirkende herzförmige Lagoa ist eine recht saubere Salzwasserlagune mit einem Stichkanal zum Meer hin. Ihr Name Rodrigo de Freitas rührt vom früheren Besitzer der angrenzenden Ländereien her. Der heutige Umfang beträgt 7,4 km, 1880 war sie noch ein Meerbusen und doppelt so groß. Das aufgeschüttete Gelände wurde im 20. Jh. zuerst mit Luxusvillen und später mit teuren Apartmenthäusern bebaut und gilt nun als Rios bestes Wohngebiet. Besonders am Wochenende dient die Lagune als beliebtes Sport- und Freizeitrevier, es wird gewandert, gejoggt, geradelt, gesegelt und gerudert.

Zu Fuß oder per Velo geht es durch die hübsche, von Geschäften, Cafés und Bistros gesäumte **Rua Garcia d'Ávila** und dann bei der Lagune links in den Promenadenweg, wo es etwas weniger dicht an der verkehrsreichen Straße entlanggeht als rechts herum. Bald sieht man an der anderen Straßenseite das Vereinshaus des berühmtesten Fußballclubs Brasiliens, **Flamengo** 1, mit großem Fanshop und dem schon seit Jahren als »modernstem Fußballmuseum Brasiliens« beworbenen, aber immer noch nicht eröffneten Vereinsmuseum. Vorbei am Freizeit- und Gastronomietempel **Lagoon** 1 führt kurz hinter einem Helikopterlandeplatz ein Weg rechts zum Ufer und durch den ruhigen **Parque dos Patins** 2, mit Sport- und Spielplätzen sowie einigen beliebten Gartenlokalen wie dem Kiosk **Arab** 2. Auf der Höhe der Rua General Garzon verlässt man die Lagoa und gelangt geradeaus direkt zum nächstgelegenen Eingang (Portão Pacheco Leão) des **Jardim Botânico** 3.

Der Botanische Garten

Mit 137 ha (55 ha offen für Besichtigung), 6500 Pflanzen- und mehr als 140 Vogelarten ist er der größte und vielseitigste Lateinamerikas. Angelegt wurde er 1808 kurz nach Ankunft der aus Portugal vor den napoleonischen Truppen geflohenen Aristokratie. Es sollten vor allem tropische Pflanzen aus dem indischen Raum akklimatisiert werden, die man für Gewürze, Tees und Heilmittel benötigte. So verwundert es nicht, dass die einheimischen Arten bis heute stark unterrepräsentiert sind. Das inzwischen selten gewordene Brasilholz *(pau brasil)*, aus dem Rot-Färbemittel für die königlichen Gewänder gewonnen wurden und welches dem Land seinen Namen gab, ist nach wie vor zu finden.

Sehenswert ist die 740 m lange Allee **Aléia Barbosa Rodrigues** 4 mit gut 200 Jahre alten und 40 m hohen Königspalmen *(Palmeiras Imperiais, Palma mater)*, in deren Mitte der ›Springbrunnen der Musen‹ (Chafariz das Musas) vor einem spektakulären Hügelpanorama als beliebtestes Fotomotiv des Parks lockt. Weiterhin gibt es den kleinen See **Lago Frei Leandro** mit Victória-régia-Seerosen, das **Museu do Meio Ambiente** (Museum der Umwelt), Gewächshäuser mit Orchideen, Bromelien und fleischfressenden Pflanzen sowie die zu einem kleinen Museum umgestaltete alte **Schießpulverfabrik** 5 (Fábrica de Pólvora).

Insgesamt ist in diesem künstlich angelegten Garten alles sehr geordnet, Gäste vermissen mitunter das Dichte, Wilde und Wuchernde. Aber allein die himmlische Ruhe mitten im Großstadtgetümmel sowie der erfrischende Schatten sind schon einen Besuch wert. Nett ist das auf dem Gelände nahe dem **Besucherzentrum** 6 *(centro de visitantes)* befindliche **Café Botânica** 3. Verlassen kann man den Park im nordwestlichen Teil auch durch den **Mitarbeiterausgang No. 915** 7. Gleich rechts finden sich einige gerne von Künstlern und Globo-Schauspielern frequentierte Straßencafés wie das **Jojo Café Bistrô** 4.

Übrigens: Vom Botanischen Garten kann man per Taxi in ungefährt 15 Min. (ca. 15–20 R$) bis zum wunderschönen Aussichtspunkt **Vista Chinesa** 10 fahren. Die Straße führt sehr reizvoll durch einen Teil des Nationalparks von Tijuca. In 380 m Höhe gelangt man zu einem chinesischen Pavillon, der zum Gedenken an die chinesischen Gastarbeiter errichtet wurde, die hier im 19. Jh. Tee angebaut und Urwaldstraßen angelegt haben. Der Ausblick ist atemberaubend und einzigartig.

Weiter rund um die Lagune

Wer sehr gut zu Fuß ist und noch die andere Seite der Lagune umwandern möchte, kann im schönsten Streckenabschnitt beim **Parque do Cantagalo** 8 **Liegefahrräder** 2 ausprobieren und am Pier **Tretboote** 3 im Schwan-Design mieten. Auf der anderen Straßenseite befindet sich im **Parque da Catacumba** 9 eine **Extremsportanlage** 4. Stärkung nach der körperlichen Ertüchtigung versprechen gute Caipirinhas und Amazonas-Gerichte im rustikalen und sehr gemütlichen Kiosk **Palaphita Kitch** 5.

Zeitplanung und Infos

Umrundung der gesamten Lagune (ohne Pausen): etwa 1 ¾ bis 2 Std.

Clube de Regatas do Flamengo 1: Av. Borges de Medeiros 997, Fanshop Mo–Sa 10–18, Sa 9–18, So 9–15 Uhr.

Jardim Botânico 3: www.jbrj.gov.br, Mo 12–17, Di–So 8–17 Uhr, 6 R$.

Aktiv an der Lagune

Bike & Lazer 1: Radverleih, s. S. 21.

Obstaklo 2: Parque do Cantagalo, tgl. 7–22 Uhr, ›Liegedreiräder‹ für eine Person (*unitário,* 15 R$/30 Min.) oder Doppelsitzer (*duplo,* 20 R$/30 Min.).

Pedalinhos 3: Parque do Cantagalo, Pier, Tretboote für 2–6 Pers., 30 Min. 20 R$/2 Pers., 40 R$/bis 6 Pers.

Lagoa Aventuras 4: Parque da Catacumba (Rezeption am Parkeingang), Tel. 021 41 05 00 79, www.lagoaaventuras.com.br, Di–So 9.30–16.30 Uhr. Kletterwand (20 R$), *arvorismo* (30 R$), *tirolesa* (20 R$), *rapel* (Abseilen, 100 R$). Di–Fr Aktivitäten einen Tag vorher anmelden. Kostenloser Rundweg zu zwei Aussichtspunkten (20 Min. Aufstieg).

Essen und Trinken

Lagoon 1: Av. Borges de Medeiros 1424, Tel. 021 25 29 53 00, www.lagoon.com.br, tgl. ab 12 Uhr. Kino, Restaurants auf offener Terrasse mit tollem Blick auf die Lagune, sowie Showhaus Miranda (s. S. 109).

Arab 2: Av. Borges de Medeiros, Tel. 021 25 40 07 47, www.restaurantearab.com.br, So–Do 9–1, Fr, Sa 9–2.30 Uhr. Arabische Spezialitäten in Biergartenatmosphäre.

Café Botânica 3: Jardim Botânico, tgl. 9–17.30 Uhr.

Jojo Café Bistrô 4: Rua Pacheco Leão 812, Jardim Botânico, Tel. 021 35 65 90 07, Di–Fr 18–2, Sa, So 13–19 Uhr. Straßencafé mit leichter (Bio-)Kost, Sandwiches 22–37 R$.

Palaphita Kitch 5: s. S. 107.

6 | Das unbekannte Leben der Armen – die Favela Santa Marta

Karte: ▶ D 7/8 | **Busse:** 570 und 583 bis Praça Corumbá, besser mit Taxi

Der Besuch einer Favela ist in den letzten Jahren fast zum touristischen Standardprogramm geworden. Viele scheuen sich zunächst, weil es an Elendstourismus erinnert. Doch das Befremden verfliegt meist schnell, wenn man entdeckt, dass die Bewohner hier nicht mehr so ärmlich leben, wie man vermutet hatte.

An- und Auffahrt

Rios erste von der Polizei besetzte Favela gilt heute als ungefährlich und zieht zahlreiche Besucher an. Man fährt zunächst bis zur **Praça Corumbá** 1, einem an der Rua São Clemente in Botafogo gelegenen Platz (als Haltepunkt nennt man dem Bus- oder Taxifahrer am besten Palácio da Cidade oder Pólo da Saúde de Santa Marta, der offizielle Name ist kaum jemandem ein Begriff). Dort befindet sich eine kleine **Touristeninformation,** wo man eine Fotokarte der Favela mit zweisprachig eingezeichneten Sehenswürdigkeiten bekommt. Sollte gerade niemand anwesend sein, kann man sich mithilfe der dort aufgestellten Plakatwand mit Übersichtskarte eine erste Orientierung verschaffen. Lokale Guides bieten für ca. 25 R$ pro Person ihre Dienste an, sprechen aber leider kein Englisch.

Von der Praça Corumbá geht es nun mit oder ohne Guide auf der Rua Marechal Francisco de Moura 300 m leicht bergauf bis zur **Station 1** 2 (Estação 1) einer kleinen **Standseilbahn,** dem Plano Inclinado (tgl. 6.30–24 Uhr, Fahrt frei). Bei **Station 3** 3 muss man umsteigen, um mit einer anderen Bahn bis zur **Endstation 5** 4 hinaufzufahren. Dort steht rechts das blaue Gebäude der Polizei (UPP). Oben bietet sich ein herrlicher Blick auf die Lagoa, die Dois Irmãos und den Corcovado. Geht man zunächst 400 m nach rechts, eröffnet sich vom **Mirante Pedrão** 5 (ausge-

Übrigens: Besuchen Sie die Favela nicht nur, um Fotos zu schießen. Konsumieren Sie auch ein wenig und unterstützen Sie so den Übergang der Bewohner zur Normalität. Viel gibt es zwar (noch) nicht zu kaufen, dafür sind die Preise deutlich niedriger als in den Touristenvierteln.

schildert) noch ein ähnlich fantastischer Blick auf die Bucht von Botafogo, den Zuckerhut und sogar bis hinüber nach Niterói.

Abstieg durch die Gassen

Wieder an die Bahnstation 5 zurückgekehrt, beginnt der steile Abstieg über neu gemachte und mit Geländern versehene Treppen. Die Favela macht insgesamt einen relativ gepflegten Eindruck, von extremer Armut ist wenig zu spüren. Manche Ziegelsteinhäuser sind schon verputzt und gestrichen, hier und da fällt der Blick in sorgsam eingerichtete Wohnzimmer. Man sieht aber auch abenteuerlich auf Felsen zusammengenagelte Holzhütten, Abwässer, die ungeklärt den Hang hinunterlaufen und herumliegenden Müll. Nach und nach soll all dies verbessert werden. Die Bewohner sind jedenfalls gelassen, kaum aufdringlich, niemand bettelt, einige grüßen freundlich und vergnügt spielende Kinder versuchen sich mit ein paar Brocken Englisch. Auch wenn die Atmosphäre entspannt wirkt, sollte man grundsätzlich nie Personen fotografieren, ohne diese vorher zu fragen.

Von den Hauptwegen gehen oft kleinere enge Gassen ab, durch eine gelangt man nach rechts zum **Espaço Michael Jackson** 6, dem meistbesuchten Platz der Favela. 1996 war hier der Popstar zu Gast, um den Clip zum Welthit »They don't care about us« zu drehen. Es war wohl das größte kulturelle Ereignis der Favela-Geschichte, verewigt und gewürdigt durch ein buntes Wandmosaik und eine Bronzestatue. Auch von hier bietet sich wieder ein schöner Ausblick, rechts sieht man fast auf gleicher Höhe die **Arena** 7, ein Veranstaltungsort für kulturelle Events und Feste. Direkt unter dem Platz liegt die Casa de Cultura Dedé, wo die Bewohner Zugang zu einer Bibliothek haben und Musikunterricht erhalten können.

Unterwegs stößt man auch vereinzelt auf urige Bars, von deren winzigen Terrassen sich das Leben im Viertel beobachten lässt. Im unteren Teil der Favela sollte man unbedingt noch die hübsche **Praça Cantão** 8 mit ihren bunt bemalten Häuschen aufsuchen. Dort befinden sich auch die blaue Halle der Sambaschule Mocidade Unida do Santa Marta und mehrere einfache Bars.

In Botafogo und Humaitá unterhalb der Favela

Von der Praça Corumbá 50 m nach links und dann noch 500 m durch die Rua das Palmeiras gehend, erreicht man bei Nr. 55 das sehr liebevoll gestaltete **Museu do Índio** 9. Ausgestellt sind in mehreren Sälen eine Kultstätte, Kopfschmuck, Keramik, Kunsthandwerk (auch Verkauf) und Fotos südamerikanischer Ureinwohner. Etwa auf der gleichen Höhe, nur eine Straße weiter, befindet sich an der Rua Sorocaba 200 das **Museu Villa-Lobos** 10. Heitor Villa-Lobos (1887–1959) galt schon zu Lebzeiten als der bedeutendste Komponist Südamerikas. In seinem unter Denkmalschutz stehenden Wohnhaus aus dem 19. Jh. finden sich Pianos und andere Musikinstrumente sowie Fotos aus seinem Leben.

Sehr empfehlenswert ist ein Besuch des an der Rua Voluntários da Pátria gelegenen Markthallenkomplexes **Cobal Humaitá** 1 – zu Fuß vom Museu do Índio zehn bis 15 Min. –, tagsüber besonders wegen der exotischen Früchte und Gerüche, der Blumenstände und Weingeschäfte, abends wegen der lebhaften Bars und Kneipen, die sich in der Markthalle und in einem großen Open-Air-Areal auf der Rückseite befinden. Die Atmosphäre ist ausgelassen, besonders am Wochenende geht es hoch her und man kann recht gut und günstig speisen. Auch in den benachbarten Straßen des Viertels Humaitá finden sich viele belebte Bars und gute Restaurants.

Infos

Touristeninformation: tgl. 8–17 Uhr.
Museu do Índio 9: Di–Fr 9–17.30, Sa, So 13–17 Uhr, Eintritt frei.
Museu Villa-Lobos 10: Mo–Fr 10–17 Uhr, Eintritt frei.

Essen und Trinken in Humaitá

Cobal Humaitá 1: Rua Voluntários da Pátria 448, tgl. Läden bis ca. 18 Uhr (So, Fei bis 14 Uhr), Lokale, Bars bis 2 Uhr.
Lima Restobar 2: Rua Visconde de Caravelas 113, Tel. 021 25 27 22 03, www.limarestobar.com.br, Mo–Fr 12–15.30, 19–24, Sa 12–17, 19–1, So 12–22 Uhr. Hübsches peruanisches Restaurant mit Barklima, Spezialität *Ceviches* (47–66 R$), Mittagstisch 22–27 R$.
Botequim 3: Rua Visconde de Caravelas 184, www.botequimrestaurante.com.br, Mo–Fr 12–15, 19–24, Sa, So 12–24 Uhr. Klein, urig, sehr gepflegt, sauber: Spezialität *Picadinhos*, eine Art Gulasch (42–48 R$), Mo–Fr Mittagstisch 25–34 R$.
Drink Café 4: Rua General Dionísio 11, Tel. 021 25 27 26 97, www.drinkcafe.com.br, Mo–Mi 12–18, Do–So 12–1 Uhr. Nettes Lokal in restaurierter Villa, hinten Barbereich.

Andere befriedete Favelas

Cantagalo: s. S. 38.
Morro da Babilônia: Die in Leme gelegene Favela wurde ebenfalls befriedet. Von einigen Bars hat man einen schönen Blick auf die Copacabana und den Corcovado und kann zudem preiswert etwas trinken.
Rocinha: Diese hinter dem Stadtteil São Conrado gelegene Favela ist wegen ihrer Größe und des herrlichen Blicks am faszinierendsten. Sie wurde Ende 2011 von der Polizei besetzt. Ein Rundgang sollte dennoch auf jeden Fall nur mit Guide erfolgen (Favela Tour, Tel. 021 33 22 27 27, www.favelatour.com.br). Besucht wird auch eine Grundschule in der kleinen Nachbar-Favela Vila Canoa, die mit einem Teil des Honorars unterstützt wird (75 R$ p. P. inkl. Hoteltransfer, direkt buchen ist preiswerter als über die Hotelrezeption).

7 | Das faszinierende Stadtpanorama – Corcovado mit Christus-Statue

Karte: ► B–E 6/7 | **Bus:** 583 ab Ipanema/Copacabana zur Bahnstation Trem Corcovado | **Kleinbus:** Shuttle ab Copacabana (Praça do Lido) und Largo do Machado

Der Gipfel des Corcovado mit der gewaltigen Christus-Statue gewährt unvergessliche Ausblicke. Bei der Auffahrt sehen Sie zudem ein Stück des Nationalparks von Tijuca. Auf halber Strecke der Serpentinenstraße befindet sich der Aussichtspunkt Santa Marta, den viele ebenso schätzen wie den bekannteren Corcovado.

Der Corcovado mit Christus-Statue

Vom 709 m hohen **Corcovado** (Der Bucklige) gewinnt man den besten Rundblick auf Rio, nicht umsonst ist dieser Aussichtspunkt mit tgl. 5000 Besuchern der beliebteste der Stadt. Für Brasilianer war dieser Felsen schon immer der wichtigste, vor allem wegen des **Cristo Redentor** 1 (Christus der Erlöser). Ohne seinen 8 m hohen Sockel ist der Koloss ganze 30 m hoch, die ausgebreiteten Arme erreichen eine Spannweite von 28 m, das Gewicht beträgt 1145 t. Am Abend wird die Statue angestrahlt und scheint frei über der Stadt zu schweben.

Die Idee zu diesem Monument ging bereits 1859 von dem französischen Priester Pierre Marie Boss aus. Doch erst 1926, nachdem einige Katholiken unter Erzbischof Sebastião Leme eine neue Initiative gestartet hatten und reichlich Spendengelder geflossen waren, wurde das von Heitor da Silva Costa entworfene Projekt in Angriff genommen. Die Ausgestaltung des Kopfes und der Hände geschah nach Plänen des französischen Art-déco-Bildhauers Paul Landowski. Bei den vom 4. bis 12. Oktober 1931 andauernden Einweihungsfestlichkeiten wurde die Statue von Kirche und Regierung als ›Altar des Vaterlandes‹ und Symbolfigur gegen den Kommunismus gefeiert. Seit 2007 gehört sie zu den »neuen sieben Weltwundern«.

Organisation des Besuchs

Es gibt zwei Möglichkeiten, auf den Corcovado zu gelangen: per Zahnradbahn ab der Station **Estação Trem Corcovado** 2 oder, inzwischen sehr viel einfacher, per **Kleinbus-Shuttle** ab Copacabana oder Largo do Machado direkt bis ganz nach oben. In der Saison und v. a. am Wochenende muss man auf beiden Wegen längere Warteschlangen einkalkulieren, es sei denn, man kommt früh gegen 9 oder nach 16 Uhr. So entgeht man auch der Hitze des Tages. In jedem Fall sollte man den Ausflug gemächlich angehen und einen halben Tag dafür einplanen. Am letzten Urlaubstag ›noch mal schnell‹ auf den Corcovado zu wollen, ist z. B. keine gute Idee.

Zufahrt per Zahnradbahn

Bei den über Hotels und Reiseagenturen gebuchten Touren wird meist die Zahnradbahn benutzt (auch mit öffentlichen Verkehrsmitteln erreichbar). Die Strecke wurde 1884 angelegt, führt 3,5 km bergauf durch den Regenwald, bietet aber kaum Aussichten auf die Stadt, nur während einer knappen halben Minute am Ende der Fahrt zeigt sich ein Fotopanorama. Die Talstation liegt recht weit von den Atlantikvierteln entfernt im Stadtteil **Cosme Velho.** Wer auf eigene Faust dorthin fahren will, zahlt – falls man keinen Bus nimmt – einen Taxipreis von 25–35 R$.

Über die Serpentinenstraße

Dieser Weg ist landschaftlich reizvoller. Neben dem oben erwähnten Kleinbus-Direktshuttle, der bis ganz nach oben fährt, besteht auch die Möglichkeit, individuell per Taxi oder mit einem Privatguide bis zur **Estação Paineras** 3 zu fahren und dort in einen Busshuttle umzusteigen (Taxi bzw. Guide warten bis zur Rückkehr). Bei dieser dritten Variante kann man auf dem Weg noch andere Sehenswürdigkeiten einbeziehen. Dazu gehört der tiefer gelegene Aussichtspunkt **Mirante Dona Marta** 4, den man besonders dann ansteuern sollte, wenn die Corcovado-Spitze in einen dichten Wolkenmantel gehüllt ist. Der Zugang zur Dona-Marta-Plattform liegt etwas versteckt, es ist ein kleiner, nach rechts abgehender Treppenpfad durch einen dichten Bambushain. Aus 385 m Höhe eröffnet sich fast derselbe Blick wie vom Corcovado-Gipfel, und das ohne Eintritt und Massentourismus. Fotografen bevorzugen sogar diesen Ort, denn aus der Schräge ist der Zuckerhut noch fotogener als aus der Vogelperspektive in 709 m Höhe. Vom Parkplatz aus auf der anderen Seite befindet sich ein **Heliponto** 1, der Abstecher dahin lohnt ebenfalls allein schon wegen des Blicks zur Christus-Statue.

Umgibt die Statue kein Wolkenmäntelchen, kauft man sich an der **Estação Paineras** 3 ein Ticket und nimmt den Shuttlebus. Die Fahrt auf der steilen Serpentinenstraße dauert zehn Minuten.

Übrigens: Vom **Mirante Dona Marta** 4 aus können Sie sich in wenigen Minuten zum Stadtteil Santa Teresa (s. S. 56) bringen lassen und dort Ihre Stadtbesichtigung fortsetzen.

Auf dem Corcovado

Oben angelangt, nehmen Sie noch einen Aufzug plus Rolltreppen oder bezwingen sportlich 215 Treppenstufen, dann stehen Sie endlich unter dem Christus. Der Panoramablick ist umwerfend und von Kameras nur ansatzweise einzufangen – denn Ihnen liegt nun ganz Rio zu Füßen. Hinweistafeln mit englischer Beschriftung erklären den Besuchern genau, was in der jeweiligen Richtung zu sehen ist.

Infos

Shuttlebusse: Von der Südzone am besten per Kleinbus ab Copacabana (Praça do Lido), tgl. 8–16 Uhr, ca. alle 15 Min., 51 R$ (Nebensaison 41 R$), inkl. Zutritt zum Cristo, Tickets an der Praça do Lido (Kauf und Fahrt am selben Tag). Nur Barzahlung, keine Stornierung wegen Schlechtwetter möglich. Eine zweite Shuttlebus-Station ist an der Metrostation Largo do Machado, tgl. 8–17 Uhr (selbe Preise).

Estação Trem do Corcovado 2: Talstation der Zahnradbahn, Rua Cosme Velho 513, Tel. 021 25 58 13 29, www.corcovado.com.br, tgl. 8–20 Uhr, alle 30 Min., Dauer 20–30 Min., 50 R$, inkl. Zutritt zum Cristo; 50 % Ermäßigung für Personen über 60 Jahre (gegen Ausweisvorlage).

Estação Paineras 3: Kleinbusse in kurzen Abständen, tgl. 8–18 Uhr, Dauer 10 Min., 32 R$ (Nebensaison 22 R$), inkl. Zutritt zum Cristo.

Hubschrauberflug 1: Dona Marta, Flug nach Funkruf durch das Personal vor Ort, mind. drei Pers., kürzester Flug (6 Min.) 240 R$ p. P.

Nach dem Christus-Besuch

An der Talstation gibt es einige Einkehrmöglichkeiten: Gleich gegenüber liegt das einfache, aber günstige **Luna Café des Arts** 1 (Rua Cosme Velho 564, tgl. 11.30–16 Uhr, *Prato Feito* 13–18 R$ oder Self-Service 38 R$/kg). Etwas weiter auf der **Rua das Laranjeiras** trifft man auf das **Assis (O Bistrô do Hartmann)** 2, ein hübsches Café in dem Gebäude, in dem der große Dichter Machado de Assis bis zu seinem Tod 1908 lebte (Rua Cosme Velho 174, Tel. 021 22 05 35 98, Mo–Fr 11.30–23, Sa, So 9.30–23 Uhr, Hauptgerichte 25–33 R$, *Tortas salgadas* 9 R$). Noch ein Stück weiter folgt der Italiener **Mamma Rosa** 3 (Rua das Laranjeiras 506, Tel. 021 25 56 65 02, tgl. 11–24 Uhr), hier empfiehlt sich ein kühles Getränk auf der Außenterrasse. Wer sich dann noch fit fühlt, kann bis zum Largo do Machado weiterlaufen und von dort aus die beiden Viertel Catete und Flamengo besichtigen (s. S. 51) oder alternativ mit der Metro zurückfahren.

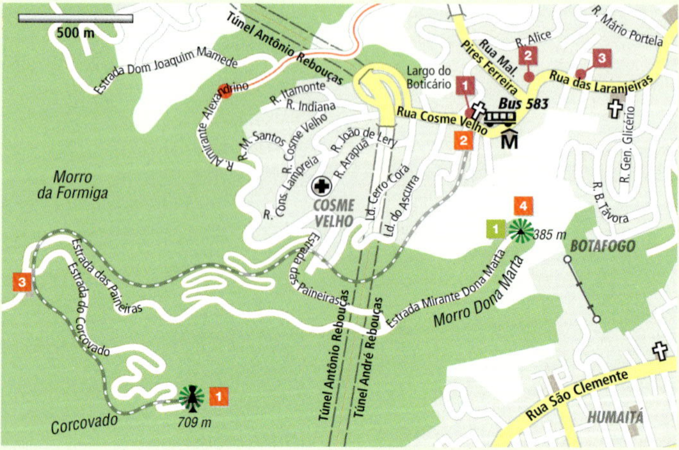

8 | Alte Pracht an der Guanabara-Bucht – Flamengo, Catete, Glória

Karte: ► F 4/5 | **Metro:** Largo do Machado

Um die Wende vom 19. zum 20. Jh. begannen reiche Kaffeebarone und andere Aristokraten, sich außerhalb des Zentrums in prachtvollen Residenzen in den an der Bucht von Guanabara gelegenen Vierteln Flamengo, Catete und Glória niederzulassen. Später folgten Phasen des Verfalls, heute mischt sich hier ein leicht morbider Charme mit Ansätzen einer Revitalisierung.

Historische Fassaden in Flamengo

Der **Largo do Machado** 1 ist ein großer, klassisch südamerikanischer Platz mit Blumenständen, Parkbänken, Königspalmen und anderen tropischen Bäumen, einem religiösen Monument in der Mitte und der 1834 erbauten **Igreja Matriz de Nossa Senhora da Glória** 2 am hinteren Ende. Von der anderen Seite des Platzes aus geht es durch die Rua 2 de Dezembro, an deren Ende rechts an der Ecke die 1916 errichtete Residenz eines damaligen Bauunternehmers erscheint. Sie wirkt wie ein Schlösschen und wird daher **Castelinho do Flamengo** 3 genannt. Heute ist hier das städtische Centro Cultural Oduvaldo Vianna Filho untergebracht.

Die Hauptstraße **Praia do Flamengo** vor dem Castelinho war früher eine der nobelsten Adressen der Stadt. Von alter Pracht und Reichtum zeugen noch manch prunkvolle historische Fassaden. Linker Hand stößt man bei Nr. 116 auf das im Pariser Stil gestaltete neoklassizistische **Edifício Praia do Flamengo** 4. Das erste Luxusapartment-Haus des Viertels (1923) mit großen 5-Zimmer-Wohnungen hieß zunächst Palacete de Areia (Sandpalast), weil der Buchtstrand bis kurz vor den Eingang reichte. Der Architekt Joseph Gire hatte kurz vorher auch das Copacabana Palace Hotel (s. S. 89) entworfen. Wenige Meter weiter folgt bei Nr. 88 das 1931 in florentinischem Stil errichtete zwölfstöckige **Edifício Seabra** 5. Mit ihm begann die Zeit der größeren *condomínios* (Wohnhochhäuser). Um die Umstellung zu erleichtern, besaßen die einzelnen Apartments unterschiedliche Größen und Ausstattungen. Auch die Fassade sollte nicht einheitlich wirken, sie wurde damals zur zweitschönsten Rios gekürt.

Freizeitpark und Buchtstrand

Bevor es links in den **Parque do Catete** geht, kann man noch einen Abstecher zum Wasser machen. Bei der Rua Silveira Martins werden einige Fußgängerampeln überquert, dann geht es ein Stück zurück zu einer Fußgängerbrücke, die durch den **Parque do Flamengo** 6 führt. Er wurde ab 1961 von dem Landschaftsarchitekten Burle Marx nach dem Vorbild des New Yorker Central Parks angelegt und 1965 eingeweiht (1,2 Mio. m^2, 12 000 Bäume bzw. 190 verschiedene Arten, viele Spazierwege und Sportplätze). Das Terrain hatte man durch Aufschüttung der Bucht abgerungen. Leider führen am Park auch breite Schnellstraßen entlang, doch näher zum Strand hin verflüchtigt sich der Lärm. Hinter dem Park liegt die **Praia do Flamengo** 7, ein reizvoller Strand mit schönem Blick auf den Zuckerhut. Er ist im Sommer recht belebt, nur eignet sich das Wasser der Bucht weniger zum Baden.

Wer mag, kann anstatt zurück nach Catete am Wasser entlang Richtung Zentrum zum 1960 errichteten **Monumento aos Mortos da Segunda Guerra Mundial** 8 gehen, einem markanten Mahnmal zum Gedenken der in Italien gefallenen knapp 500 Opfer des Zweiten Weltkriegs, im Sockel befinden sich ein Museum und Mausoleum. Kurz darauf gelangt man zum sehenswerten **Museu de Arte Moderna (MAM)** 9, einem der besten Museen Rios. Zu bewundern sind mehrere tausend Kunstobjekte, ein Drittel gehört zu der prominenten »Coleção Gilberto Chateaubriand« mit Werken von Cavalcanti, Portinari u. a.

Die quirlige Rua do Catete

Der **Parque do Catete** 10 ist ein wunderschönes und kaum bekanntes Kleinod. In dem gepflegten Park befinden sich zwei sehenswerte Museen: links das hübsche **Museu de Folclore Edison Carneiro** 11 zur brasilianischen Volkskunst und am anderen Ende der opulente **Palácio do Catete** mit dem **Museu da República** 12. Dort residierten bis 1960 fast alle brasilianischen Präsidenten, darunter auch Getúlio Vargas, der sich 1954 in seinem Schlafzimmer das Leben nahm. Seit der Verlegung der Hauptstadt nach Brasília dient der Palast als Museum, zu bewundern sind mehrere prachtvolle Salons. Davor trifft man auf die lebhafte **Rua do Catete,** die rechter Hand nach Glória führt.

Neu entdecktes Glória-Viertel

Gehen Sie nun durch die Rua da Glória bis zur Metrostation Glória und erleben Sie ein ungeschminktes, authentisches, teilweise auch verfallenes Gesicht von Rio, wo Sie kaum anderen Touristen begegnen werden. Bei der Metro führt eine Straße halbkreisförmig rechts um hohe Mauerreste herum bis zur Rua do Russel. An der Ecke sehen Sie die Bauwüste des 1922 errichteten **Hotel Glória** 13, aus dem der pleitegegangene Exmilliardär Eike Batista das erste 6-Sterne-Hotel Rios machen und im Zuge dessen das ganze Viertel revitalisieren wollte (die weitere Zukunft des Baus ist ungeklärt). Es war für eine kurze Zeit bis zur Gründung des Copacabana Palace Hotel (1923) die größte und nobelste Unterkunft der Stadt.

Nach ein paar Metern stößt man auf den **Plano Inclinado do Outeiro da Glória** 14, eine kleine Standseilbahn, die auf einen 61 m hohen Hügel führt. Dort steht die ab 1714 erbaute **Igreja de N. S. da Glória do Outeiro** 15. Der eher schlichte kleine Barocktempel mit dem ungewöhnlichen achteckigen Grundriss und den Azulejo-Verzierungen (Keramikfliesen-Mosaike) war eine der Lieblingskirchen der Kaiserfamilien, hier wurde auch Dom Pedro II. getauft. Von oben genießt man einen schönen Blick auf die Bucht und die Skyline des Zentrums.

Infos

Castelinho do Flamengo 3: Praia do Flamengo 158, Di–So 10–18 Uhr.

Museu de Arte Moderna (MAM) 9: Av. Infante Dom Henrique 85, Aterro do Flamengo, Tel. 021 38 83 56 00, www.mamrio.com.br, Di–Fr 12–18, Sa, So 11–19 Uhr, 14 R$.

Museu de Folclore Edison Carneiro 11: Rua do Catete 179, Tel. 021 22 85 04 41, Mo–Fr 9–17, Sa, So 15–18 Uhr, Eintritt frei, wechselnde Ausstellungen (zzt. wegen Umbau teilweise geschl.).

Museu da República 12: Rua do Catete 153, Tel. 021 32 35 26 50, www.museudarepublica.org.br, Di–Fr 10–16.30, Sa, So 11–17.30 Uhr, 6 R$ (Mi, So frei).

Seilbahn Plano Inclinado 14: Di–Fr 7–19, Sa, So 7–13 Uhr, gratis.

Igreja de N. S. da Glória do Outeiro 15: Praça N. S. da Glória, Di–Fr 9–12, 13–17, Sa, So 9–12 Uhr.

Essen und Trinken

Berbigão 1: Rua do Catete 150, Tel. 021 22 05 72 45, www.berbigao.com.br, tgl. 11.30–1 Uhr. Eine der wenigen Adressen, wo es auch gegrillten Fisch gibt, z. B. *Anchova grelhada.* Bis 17.30 Uhr günstiger Mittagstisch, auch Angebote für zwei Personen.

Taberna da Glória 4: Rua do Russel 32, Tel. 021 22 65 78 35, tgl. 12–0.30 Uhr. Gegenüber der Metrostation Glória setzt dieses biergartenähnliche Lokal einen schönen Schlusspunkt.

Übrigens: Von Glória aus sind Sie recht schnell bei der berühmten Künstlertreppe **Escadaria do Selarón** 16 (s. S. 58). Man geht nur die Rua da Glória etwas weiter und biegt dann links in die Rua Joaquim Silva. Wenn Sie hinauf nach **Santa Teresa** möchten, sind Sie mit dem Taxi ebenfalls schnell dort (ca. 10 R$).

Estação República 3: Rua do Catete 104, Tel. 021 21 28 56 56, tgl. 11.30–24 Uhr. Restaurant in wunderschönem Jugendstil-Eckhaus, All-you-can-eat-Buffet für 42 R$ (oder 43 R$/kg), ab 18 Uhr Pizza-Rodízio.

9 | Rio vom Wasser aus – Guanabara-Bucht und Atlantik

Karte 5: ► C/D 3/4 | **Bus:** 433 und 464 von Ipanema/Copacabana bis Hotel Glória | **Metro**: Glória (umständlicher Fußweg), am einfachsten per **Taxi** (20–30 R$)

Hier begann die Geschichte Rios. Die portugiesischen Eroberer wussten die geschützte Lage dieser riesigen Bucht zu schätzen. Ihre Einfahrt neben dem Zuckerhut ist nur knapp 2 km breit, doch sie dehnt sich auf 24 km aus und reicht 26 km tief ins Hinterland hinein. Am Südwestufer hat sich das historische Zentrum entwickelt, gegenüber liegt die schöne Nachbarstadt Niterói. Auf schönen Bootstouren kommen Sie Rio vom Wasser aus näher.

Alle Bootstouren starten im mondänen Jachthafen **Marina da Glória** 1. Die Boote von **Marlim Yacht** 1 fahren aus der Guanabara-Bucht hinaus aufs offene Meer bis zu den Cagarras-Inseln, außerdem wird eine Tour zum Sonnenuntergang innerhalb der Bucht angeboten. **Saveiros Tour** 2 führt gemächliche Ausfahrten durch die Bucht im Schoner durch, fährt aber nicht auf den Atlantik hinaus.

Trip zu den Cagarras-Inseln

Zuerst geht es an der reizvoll gelegenen **Praia do Flamengo** 2 entlang. Trotz des weniger sauberen Wassers ist sie bei Einheimischen beliebt. Dahinter liegt der **Parque do Flamengo** 3, der Anfang der 1960er-Jahre durch Aufschüttung der Bucht abgerungen wurde. Links kommt die zur Nachbarstadt Niterói gehörige **Fortaleza de Santa Cruz** 4 ins Blickfeld. Danach folgt die schöne, aber zum Baden ungeeignete **Praia de Botafogo** 5 mit Rios größtem Jachthafen. Das Boot nähert sich dem unterhalb vom **Zuckerhut** 6 gelegenen Villenviertel von **Urca.** An dessen Ende erscheint die **Fortaleza de São João** 7, eine von diversen Festungen rund um die Buchteinfahrt. An dieser Stelle wurde 1565 der Ort São Sebastião do Rio de Janeiro gegründet.

Nach Umfahren des Zuckerhuts folgt die **Praia Vermelha** 8, ein kleiner Strand an einer idyllisch gelegenen Bucht. Hinter dem nächsten Felsen, dem **Morro do Leme** 9, sieht man bereits die Strände von **Leme** und **Copacabana.** Auf einer großen Landzunge erhebt sich das Forte de Copacabana (1914), danach sieht man den ins Meer hinausgehenden flachen Felsen von **Arpoador.** Nun kommt, während das Boot noch am Strand von **Ipanema** entlangfährt, immer deutlicher das Ziel in Sicht.

Die **Cagarras-Inseln** 10 sind unbewohnte, aus dem Meer ragende Felsen mit einer reichen Vogel- und Unterwasserwelt, vor der Rückfahrt wird ein Stopp mit Bademöglichkeit eingelegt, meist vor der **Ilha Comprida** 11.

Die Bucht von Guanabara

Die Fahrtrouten von Saveiros (vormittags) und Marlim (nachmittags) sind fast identisch. Zunächst geht es von der Marina da Glória bis fast ganz an den Zuckerhut heran. Von dort fahren die Boote dann vorbei am mitten in der Bucht liegenden **Forte Lage** 12 hinüber auf die andere Seite. Vor Niterói sieht man das Fortaleza de Santa Cruz, den Strand von Icaraí, das weltberühmte, ufoförmige **Museu de Arte Contemporânea** 13 (s. S. 67) sowie aus nächster Nähe die gewaltige Brücke Ponte Rio-Niterói. Unterwegs wird man eines feststellen: Aus jeder Perspektive wirkt Rio anders. Auf den letzten Metern, vorbei am Flughafen Santos Dumont, hat man eine einmalige Sicht auf die einschwebenden Jumbojets.

Tipp

An heißen Tagen ist der Fahrtwind sehr erfrischend und leichte Sommerkleidung ausreichend. An kühleren Wintertagen (unter 20–25 °C) sollte man einen Pulli oder eine Jacke dabeihaben.

Anbieter von Bootstouren

Marlim Yacht 1: Tel. 021 22 25 74 34, www.marlimyacht.com.br, Cagarras-Tour: Di–So 10 Uhr, Dauer 4 Std., 90 R$, Badekleidung mitbringen. Guanabara-Tour (›Sunshine‹): Di–So 15 Uhr, Dauer 2 Std., 60 R$.

Saveiros Tour 2: Tel. 021 22 25 60 64, www.saveiros.com.br, tgl. 9.30 Uhr, Dauer 2 Std., 50 R$. Touren im überdachten, seitlich offenen Schoner ohne Badestopp. Besonderer Wert wird auf historisch und kulturell bedeutsame Monumente gelegt, englischsprachige Guides.

In wenigen Gehminuten ...

... ist man von der Marina aus beim Museu de Arte Moderna (MAM) s. S. 52.

10 | Zeitreise in die Vergangenheit – das Künstlerviertel Santa Teresa

Karte: ► F 3–E 4 | **Tram (Bonde):** ab Terminal das Bondes, Centro | **Bus:** 006 ab Rua Gomes Freire (Lapa) | **Metro:** bis Glória (dort Taxi)

Das malerische und immer noch ursprünglich wirkende Viertel an den Hängen nahe dem Zentrum ist mit Ateliers, Kunsthandwerksläden, Restaurants und urigen Bars ein Anziehungspunkt besonderer Art. Der Besuch ist ein kleines Abenteuer für sich und eine Zeitreise in eine längst vergangene Epoche, alleine schon durch die Anfahrt in der einzigen Straßenbahn Rios.

Zwischen 1808 und 1942 lebten hier auf den Hügeln die Reichen und genossen die schöne Aussicht, das milde Klima und frisches Quellwasser, das vom Corcovado herunterfloss. Die meisten der heute zu sehenden postkolonialen Villen gehörten den Familien der Kaffeebarone. In den 1940er-Jahren kam es jedoch in Mode, am Meer zu wohnen. Vorübergehend verfiel das Viertel, bis es schließlich von Hippies, Künstlern und Aussteigern entdeckt wurde. Zudem ließen sich viele betuchtere Ausländer nieder. Seit Ende der 1990er-Jahre wird das Viertel auch verstärkt von Touristen besucht, besonders Europäer verlieben sich schnell in seinen leicht morbiden Charme.

Schlendern, Schlemmen und Shoppen

Um den **Largo do Guimarães** 1 herum ist Santa Teresa am reizvollsten und interessantesten. Hier stehen überall schöne alte Villen; Lokale und Läden locken zu einer kleinen Erkundung zu Fuß. Nur wenige Meter entfernt trifft man in der Rua Paschoal Carlos Magno gleich rechts das lauschige, von historischem Gemäuer umsäumte Gartencafé **Cafecito** 1, das auch ein Feinkost- und Souvenirgeschäft sowie ein Restaurant mit romantischer Terrasse im Grünen beherbergt. 200 m weiter folgt die **Bar do Mineiro** 1, eine nur spärlich mit älteren Fotos von brasilianischen Gesangsstars und naiver Bauernmalerei geschmückte Kneipe, die sich aber zu einem beliebten Treffpunkt entwickelt hat. Allerdings ist es hier auch meist sehr laut und eine Unterhaltung schwierig, entspannter ist es ein paar Schritte zurück im Bar-Restaurant **Simplesmente** 2. Oft stehen die Gäste in dieser Straße aber am Abend ohnehin in Trauben auf den Gehwegen vor den Bars.

Etwas weiter liegt noch die populäre **Bar do Gomez** 2. Diese sehr originelle und urige Kneipe, in der sich gern die Einheimischen treffen, war von 1919 bis 2002 ein Kolonialwarenladen, manche Utensilien aus dieser Zeit dienen heute als Dekoration. 400 m entfernt kann man linker Hand noch das prachtvolle **Centro Cultural Laurinda Santos Lobo** 2 bewundern, eine Aristokratenvilla von 1907, die seit 1979 als städtisches Kulturzentrum dient.

Von dort geht es wieder zum Largo do Guimarães zurück und dann 200 m rechts hoch bis zum luxuriösen Boutique-Hotel Santa Teresa, dessen Gourmetrestaurant **Térèze** 3 zu den schönsten und besten der Stadt gehört und eine fantastische Aussicht bietet. Wer noch keinen Hunger verspürt, kann auch einfach nur eine Caipirinha trinken. Wieder unten am Platz angelangt, stößt man ein Stück weiter rechts auf die zwei wichtigsten Kunsthandwerksläden des Viertels, **La Vereda** 1 und **Zambê** 2, sowie das Fischlokal **Sobrenatural** 4. Alternativ folgen Sie den Schienen bis zum rot bemalten Lokal **Espírito Santa** 5 mit einer hübschen Aussichtsterrasse im Freien. Von der 300 m entfernten **Haltestelle Curvelo** 3 sind es 20 Minuten zu Fuß bis zum herrlichen **Parque das Ruínas** (ausgeschildert).

Übrigens: Nach einem schweren Unfall wurde der Straßenbahnverkehr 2011 eingestellt, das gesamte Sicherheitskonzept der musealen **Bonde** kam auf den Prüfstand. Bei Redaktionsschluss sollte das pittoreske Wahrzeichen noch 2014 seinen Betrieb wieder aufnehmen, andernfalls Anfahrt nur per Taxi oder Bus.

Parque das Ruínas und Museu Chácara do Céu

Bei dem **Ruinenpark** 4 handelt es sich um die Überreste der früheren Residenz von Laurinda dos Santos Lobo, einer 1946 verstorbenen Aristokratin und Kunstmäzenin. Heute nutzt die Stadt dieses lauschige Plätzchen für diverse kulturelle Veranstaltungen, oft auch sehr stimmungsvolle Livekonzerte. Von der Dachterrasse der Ruine bietet sich einer der schönsten Ausblicke auf die Bucht von Guanabara, den Zuckerhut, das gesamte Zentrum von Rio und in der Ferne den Christus.

50 m neben dieser Ruine, ab mittags über eine kleine Brücke zu erreichen (sonst vom Ende der unteren Straße aus), befindet sich das **Museu Chácara do Céu** 5. Hier wohnte von 1958 bis 1968 der Kunstsammler Raymundo Ottoni de Castro Maya; neben Stilmöbeln und Porzellan sind viele bedeutende Werke ausländischer und brasilianischer Maler ausgestellt, darunter Werke von Portinari und Di Cavalcanti. Die sieben wertvollsten, darunter Originale von Picasso, Matisse, Monet und Dalí, wurden leider gestohlen und nie wieder aufgefunden.

Abstieg zur Fliesentreppe von Selarón

Vom Ruinenpark sollte man per Taxi zur Fliesentreppe fahren. Unterwegs sieht man das **Convento de Santa Teresa**

6. Mit diesem Kloster begann 1750 die Besiedlung des Viertels, auch der Name geht darauf zurück. Es ist von innen nicht zu besichtigen, bis heute leben hier die Karmeliterinnen in der strengen Glaubenstradition der spanischen Heiligen Santa Teresa d'Ávila. Der Legende nach hatte sich früher eine der Nonnen heimlich ins Karnevalsgetümmel gestürzt, Grund genug, den inzwischen beliebtesten Umzug von Santa Teresa »Bloco das Carmelitas« zu taufen.

Gleich nach dem Kloster führt eine bunte Fliesentreppe bis nach Lapa hinunter. Die **Escadaria do Selarón** 7 ist bereits zu einem Besuchermagnet für Gäste aus aller Welt geworden. Sie ist das Lebenswerk des 2013 unter tragischen Umständen verstorbenen, chilenischen Künstlers Jorge Selarón, der hier seit 1990 unermüdlich ohne Entgelt eine öffentliche Treppe mit auserwählten Fliesen verzierte. 150 Länder sind vertreten, sehr stark auch Deutschland, Österreich und die Schweiz. Selarón freute sich immer wie ein kleines Kind, wenn Besucher ihm eine neue Fliese aus der Heimat mitbrachten. Fast immer war er auf seiner Treppe anzutreffen, erkennbar an den roten Shorts und der roten Mütze. Wenn er nicht gerade Fliesen verlegte, folgte er seiner größten Obsession und malte Karikaturen von schwangeren Favela-Frauen. Mehr als 35 000 solcher Bilder hat er geschaffen.

Infos

Centro Cultural Laurinda Santos Lobo 2: Tel. 021 22 42 97 41, Di–So 9–20 Uhr, Eintritt meist frei. Ausstellungen, Konzerte, Theater, Workshops.

Parque das Ruínas 4: Rua Murtinho Nobre 169, Di–So 8–18 Uhr, Eintritt frei.

Museu Chácara do Céu 5: Rua Murtinho Nobre 93, www.museuscastromaya.com.br, Mi–Mo 12–17 Uhr, 2 R$ (Mi gratis).

Essen und Trinken

Bar do Mineiro 1: Rua Paschoal Carlos Magno 99, Di–So 11–24 Uhr, Gerichte ab 38 R$, Spezialität *Pastel de Feijão* (33 R$/18 Stück).

Bar do Gomez 2: s. S. 105.

Cafecito 1: Rua Paschoal Carlos Magno 121, Do–Di 9–22 Uhr. Sehr guter Cappuccino (8 R$), Sandwiches, Snacks, Kuchen (8–23 R$) und leckeres Eis.

Simplesmente 2: Rua Paschoal Carlos Magno 115, unregelmäßige Öffnungszeiten, aber günstige, großzügige Gerichte.

Térèze 3: Rua Felício dos Santos, Mo–Fr 12.30–15.30, 19.30–24, Sa, So 12.30–24 Uhr.

Sobrenatural 4: Rua Almirante Alexandrino 432, tgl. 12–24 Uhr. Rustikales Fischlokal, Do–Di ab 20 Uhr Livemusik (Couvert 10–15 R$ p. P.).

Espírito Santa 5: s. S. 94.

Shopping

La Vereda 1: s. S. 101.

Zambê 2: s. S. 101.

11 | Streifzug durch die besten Samba-Bars – ein Abend in Lapa

Karte: ► E/F 3/4 | **Bus:** 161 ab Ipanema/Copacabana | Rückfahrt **Taxi**

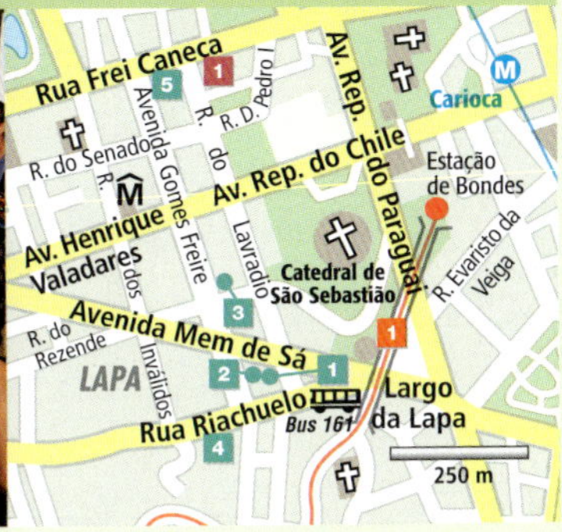

Hier spielt die Musik! Im Ausgehviertel Lapa liegen die meisten und besten Samba-Schuppen der Stadt. In den Straßen rund um das alte Aquädukt herrscht eine vibrierende Atmosphäre, Freitag- und Samstagabend rücken Tausende von Nachtschwärmern an.

Rios wiederbelebtes Nightlife-Viertel

Der Hauptplatz unter den **Arcos da Lapa** 1, einem 1673 bis 1723 für die Wasserversorgung der Stadt errichteten 270 m langen Aquädukt, war bis Anfang der 1940er-Jahre so etwas wie der Place Pigalle in Paris. Als Spielsalons und Cabarets verboten wurden, begann der Niedergang; die Reichen von Santa Teresa zogen zudem an die Copacabana um. Seit 2000 erlebt Lapa jedoch ein fantastisches Comeback, heute gibt es hier über 50 Musikkneipen und Bars – meist in restaurierten postkolonialen Prachtbauten, die echtes Altstadtflair verströmen.

Die Avenida Mem de Sá

Rund um die **Rua Riachuclo** vor dem Aquädukt ist die Architektur weniger schön, die Szene zeigt sich stärker alternativ (Techno, Reggae, Drogen) und es ist auch etwas gefährlich. Gleich hinter dem Aquädukt beginnt jedoch die **Av. Mem de Sá** mit den besseren Lokalen und überwiegend studentischem Mittelschichtpublikum. Freitags und samstags starten hier ab 22 Uhr die heißesten Nächte Rios. Tausende Einheimische sowie zahlreiche Touristen flanieren auf dieser Partymeile auf und ab und genießen die lockere Straßenfestatmosphäre. An der Kreuzung von Av. Mem de Sá und Rua do Lavradio befinden sich vier große Eckkneipen, in denen man auf Barhockern draußen auf dem Bürgersteig sitzen und bei einer Caipi das bunte Treiben verfolgen kann, am besten ist es in der **Boteco da Garrafa** 1.

Wer Samba live erleben möchte, hat die Qual der Wahl. Nahe der Kreuzung liegt das kleine **Carioca da Gema** 2,

Übrigens: Am Wochenende gibt es meist lange Schlangen vor dem Rio Scenarium und dem Lapa 40 Graus – kommen Sie am besten noch vor 21 Uhr. Im Rio Scenarium kann man vor dem Tanzabend auch erstklassig speisen.

das traditionsreichste Lokal des Viertels mit stets gutem Programm. Allerdings sollte man hier auf Körperkontakt vorbereitet sein, die Kneipe ist klein, eng und ab 23 Uhr rappelvoll – es gibt nur wenige Sitzplätze und fast alle Gäste tanzen! Die Bar **Mas será o Benedito** 3 ist eine der besten für traditionelle Samba-Livemusik, das Publikum ist gemischt und umfasst alle Altersgruppen. Ein sehr beliebter großer Club mit Billardtischen ist **Lapa 40 Graus** 4, mit schickem, attraktivem Publikum und hohem Flirtfaktor. In den unteren Etagen wird Live- und DJ-Musik geboten, im 2. Obergeschoss spielt die Hauptband Samba und Chorinho oder samstags auch mal Foxtrott, Jive und Discofox für Paartänzer.

Am Ende der Rua do Lavradio

Eine zweite Nightlife-Meile, nur 140 m lang und ständig verkehrsberuhigt, liegt ganz am Ende der Rua do Lavradio, nur 10 Minuten zu Fuß von der Av. Mem de Sá. Dort reiht sich eine schöne Bar an die andere, vor fast allen kann man auch draußen sitzen. Zum Einkehren empfiehlt sich das **Rio Scenarium** 5, der bis heute größte und beliebteste Samba-Laden der Stadt und inzwischen eine eigene Sehenswürdigkeit in Rio. Das Interieur fällt wirklich aus dem Rahmen: Gäste fotografieren erst einmal die mit Antiquitäten gefüllten Räume oder den uralten, noch von Hand bedienten Fahrstuhl. Bühne und Tanzfläche befinden sich unten, in den oberen Etagen ist die Musik jedoch auch zu hören. Die Gäste stammen aus der Mittel- und Oberschicht und sind gemischten Alters, ganze Familien kommen hierher, genauso wie viele Touristen.

Wer nicht hineingehen möchte, kann an der anderen Straßenseite im guten Seafood-Lokal **Mangue Seco** 1 draußen sitzen und dabei auch die Musik hören und das Treiben beobachten.

Musiklokale

Boteco da Garrafa 1: Av. Mem de Sá 77, Tel. 021 25 07 19 76, Mo–Sa 16–4, So 12–4 Uhr.

Carioca da Gema 2: Av. Mem de Sá 79, Tel. 021 22 21 00 43, www.barcariocadagema.com.br, Mo–Do 19–2, Fr 19–5, Sa 21–5, So 21–1 Uhr, Spielbeginn 21 Uhr, 23–38 R$. Gute Option für Montagabend, wenn fast alle anderen Musiklokale geschlossen sind. Verkauf von Samba-CDs.

Mas será o Benedito 3: Av. Gomes Freire 599, Di–Sa ab 21 Uhr, 20–30 R$.

Lapa 40 Graus 4: Rua Riachuelo 97, Tel. 021 39 70 13 38, www.lapa40graus.com.br, Mi 18–1, Do–Sa 18–4 Uhr, Eintritt bis 23 Uhr für Frauen 20 R$, für Männer 30 R$, danach 30–50 R$, Angebot vor 21 Uhr (5 R$).

Rio Scenarium 5: Rua do Lavradio 20, Tel. 021 31 47 90 00, www.rioscenarium.com.br, Di–Do 18.30–3, Fr 19–5, Sa 20–5 Uhr, Di–Do 25 R$, Fr 35 R$, Sa 40 R$, Reservierungen Mo–Fr 9–18 Uhr, 2–3-stündige Liveshows ab 20.30 und 22.45, Fr, Sa auch 3 Uhr, im oberen Stock Do–Sa ab 24 Uhr Disco. Sehr gutes Essen, Hauptgerichte ab 29 R$.

Essen und Trinken

Mangue Seco 1: Rua do Lavradio 23, Tel. 021 38 52 19 47, Mo–Do 11–24, Fr, Sa 11–2 Uhr.

12 | Paris in Rio – das Zentrum zwischen Opern- und Kaffeehaus

Karte: ► E/F 2/3 | **Metro:** Cinelândia

Am Cinelândia-Platz steht man im Herzen einer Weltstadt, wie sonst nur auf dem Times Square. Kurz nach 1900 entstanden hier die schönsten Kulturpaläste, als ein neuer Bürgermeister seine Liebe für Paris auch in Rio zeigen wollte. An Geld fehlte es nicht, Rio war reich durch den Kaffee, die Kaffeebarone tummelten sich zusammen mit Dichtern und Philosophen in der nahe gelegenen Konditorei Colombo.

Auf dem Cinelândia-Platz

Offiziell befindet man sich an der **Praça Marechal Floriano Peixoto,** doch allgemein hat sich der Name Cinelândia (›Kinoland‹) eingebürgert, weil hier in den 1920er-Jahren viele Kinos eröffnet wurden. Der neoklassizistische, weiß getünchte **Palácio Pedro Ernesto** 1 (1923) ist seit 1977 Sitz des Stadtrats *(Câmara Municipal)*, der prachtvollste Bau ist das vom Pariser Opernhaus Garnier inspirierte **Theatro Municipal** 2 (1909, 2009 restauriert). Es ist im Innern mit farbigem Kristallglas, das aus Deutschland stammt, verziert und unter den Kuppeln prangen die Namen des Dichterfürsten Goethe (rechts) und des Komponisten Wagner (links).

Auf der anderen Straßenseite liegen das bedeutende und sehr schöne **Museu Nacional de Belas Artes** 3 (1908) mit Gemälden, Gravuren und Skulpturen brasilianischer und europäischer Künstler aus der Zeit zwischen dem 17. und 20. Jh. sowie die **Biblioteca Nacional** 4 (1910) mit einem Bestand von 10 Mio. Büchern und Dokumenten, darunter eine deutsche Bibel von 1462 und das kleinste Buch der Welt (1 cm, das »Vaterunser« in sieben Sprachen). Leider gelangt man nicht so leicht zu den Archiven, aber die Eingangshalle mit den hohen Marmorsäulen und der Jugendstilkuppel ist allein schon den Besuch wert. Am Platz fällt noch ein großes gelbes Haus ins Auge, in dem sich unten das traditionsreiche, 1921 gegründete Lokal **Amarelinho** 1 befindet – ein idealer Ort, um sich ein wenig auszuruhen und das lebendige Treiben zu beobachten.

Petroleum, neue Kathedrale und historische Kirchen

Danach geht es wieder auf den Platz und hinter dem Theater durch die Av. 13 de Maio und dann die erste Straße nach links. Nach 100 m erhebt sich auf der linken Seite das mächtige würfelförmige Hauptgebäude der staatlichen Petroleum-Gesellschaft **Petrobras** 5 (1967) und ein kleines Stück weiter geradeaus zeichnen sich die kegelförmigen Umrisse der **Catedral Metropolitana de São Sebastião** 6 (1976) ab. Die katholische Bischofskirche besitzt einen Durchmesser von 106 m und ist in der Mitte 96 m hoch. Wegen der Wabenstruktur wird sie im Volksmund auch spöttisch ›der Bienenarsch‹ genannt. Im Innern wirkt sie durch die vier in Kreuzform ausgerichteten bunten Glasfensterzeilen und die Lichtöffnungen bedeutend freundlicher.

Anschließend läuft man wieder zurück bis zum Petrobras-Gebäude, dort über eine Fußgängerbrücke und durch eine hübsche Unterführung unter dem großen schwarzen Gebäude der staatlichen Kreditbank **Banco Nacional do Desenvolvimento (BNDES)** 7 hindurch. Danach gehen Sie nach links durch einen kleinen Park bis zu einer Treppe oder alternativ zu einem tunnelartigen Seiteneingang mit Fahrstuhl hinauf zur **Igreja de Santo Antônio** 8. Die 1620 vollendete Kirche ist die älteste der Stadt, trotz vieler Azulejos (Keramikfliesen-Mosaike) an den Seitenwänden wirkt sie eher bescheiden. Umso prachtvoller ist die angrenzende barocke **Igreja da Ordem Terceira de São Francisco da Penitência** 9 (1657–1773), das Gotteshaus der franziskanischen Laienkongregation. Die sog. ›goldene Höhle‹ ist an den Zedernholzwänden vollständig mit 400 kg Blattgold überzogen, der Boden besteht aus Marmor, das von Caetano da Costa Coelho stammende Deckenbild, die Heiligsprechung des Franziskus von Assis darstellend, gilt als die erste illusionistische Perspektivmalerei Brasiliens.

Portugiesische Bibliothek und Kaffeehaus Colombo

Unterhalb der Kirche liegt der **Largo da Carioca,** im 17. Jh. noch ein See, heute ein lauter, hektisch wirkender Platz, umringt von modernen Bürohochhäusern. Am Ende des Platzes führt der Weg nach links in die Rua da Carioca, früher eine der wichtigsten Geschäftsstraßen der Stadt. In Nr. 39 befindet sich die eher karge deutsche **Bar Luís** 1, die als die älteste noch existierende von Rio gilt. Seit 1887 hieß sie nach ihrem Besitzer Bar Adolf, wurde aber später wegen Hitler umbenannt. Die Straße führt dann zu der früher bedeutenden und 2011 restaurierten **Praça Tiradentes** mit einem Reiterstandbild von Kaiser Dom Pedro I. in der Mitte.

Nach rechts gehend sieht man hinter einem kleineren Platz schon von Weitem die neogotische Fassade des **Real Gabinete Português de Leitura** 10. Diese 1887 von Kaiser Dom Pedro II. eingeweihte Bibliothek war ein Geschenk Portugals an Brasilien. Sie fasziniert vor allem durch die kafkaesk anmutende architektonische Gestaltung des Innenraumes. In den Regalen sind ca. 350 000 Bücher zu sehen, darunter viele wertvolle Ausgaben älterer portugiesischer Literatur.

Bei Verlassen der Bibliothek nach links und den großen Platz Largo de São Francisco überquerend, gelangt man dort, wo C&A zu sehen ist, in die Rua do Ouvidor. Nach Überqueren der belebten Rua Uruguaiana geht es dann rechts in die Rua Gonçalves Dias bis zur **Confeitaria Colombo** 2. Rios schönstes und fast im Original erhaltenes Café von 1894 hält allen Vergleichen mit den Kaffeehäusern von Wien, Paris oder Buenos Aires stand. Stilistisch finden sich viele Jugendstilelemente, fast das gesamte Interieur wurde aus Europa importiert, auch die acht gewaltigen Kristallspiegel aus Antwerpen. Untermalt von Klaviermusik bietet sich hier zweifellos das stilvollste Ambiente für eine Mittagspause.

Vom Kaffeehaus ist es nur ein Katzensprung bis zur Praça 15 de Novembro, um die sich der älteste Teil Rios ausbreitet (s. S. 64).

Tipps und Infos

Ein Besuch empfiehlt sich wochentags oder am Samstagvormittag, am restlichen Wochenende ist das Zentrum eher ausgestorben und vieles geschlossen.

Theatro Municipal 2: Praça Floriano, Centro, Tel. 021 23 32 91 91, www.theatromunicipal.rj.gov.br, Führungen Di–Fr 12, 14, 15, 16, Sa, Fei 11, 12, 13 Uhr (45 Min.), 10 R$. Sinfoniekonzerte, Ballett, seltener Theater und Oper. Kasse und Start der Führung beim Hintereingang: Rua Evaristo da Veiga, 10–18 Uhr, Tickets für Führungen 30 Min. vor Beginn.

Museu Nacional de Belas Artes 3: Av. Rio Branco 199, Tel. 021 32 99 06 00, www.mnba.gov.br, Di–Fr 10–18, Sa, So 12–17 Uhr, 8 R$.

Biblioteca Nacional 4: Av. Rio Branco 219, Tel. 021 22 20 94 84, www.bn.br, Mo–Fr 10–17, Sa 10–14 Uhr, stdl. Führungen, Zutritt nur mit Ausweis.

Catedral Metropolitana de São Sebastião 6: Av. Chile 245, tgl. 7–18 Uhr (Zutritt mit Shorts erlaubt).

Igreja da Ordem Terceira de São Francisco da Penitência 9: Largo da Carioca 5, Di–Fr 9–16 Uhr, 2 R$.

Real Gabinete Português de Leitura 10: Rua Luís de Camões 30, Tel. 021 22 21 31 38, www.realgabinete.com.br, Mo–Fr 9–18 Uhr, lautes Reden untersagt, Fotografieren ohne Blitz erlaubt, Eintritt frei.

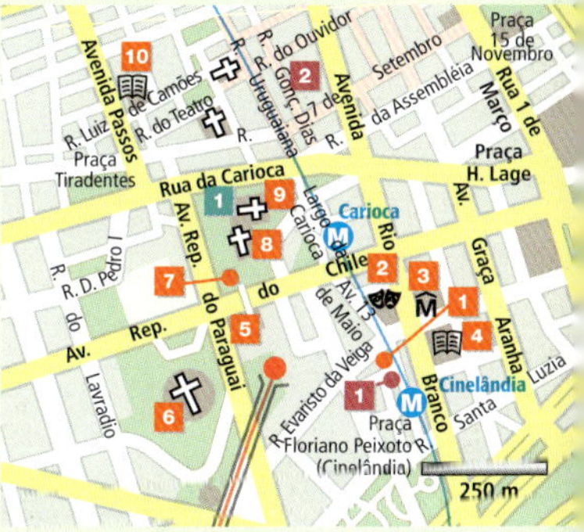

Essen und Trinken

Amarelinho 1: Praça Floriano 55 B, Mo–Sa 11–2, So 11–24 Uhr.

Confeitaria Colombo 2: Rua Gonçalves Dias 32, Tel. 021 25 05 15 00, www.confeitariacolombo.com.br, Mo–Fr 9–19.30, Sa, Fei 9–17 Uhr (12.30–14 Uhr sehr voll). Im 2. OG gibt es ein super All-inclusive-Buffet (77 R$ p. P., Mo–Fr 12–16 Uhr), man fährt mit dem Fahrstuhl nach oben. Unten im berühmten Café (Salão Bar Jardim) wird das süße Aushängeschild *Pastel de Belém* (8 R$) serviert, sowie Kuchen, Kaffee, Salate, Sandwiches, Crêpes. Davor befinden sich zwei Stehcafés mit Snacks und Kuchen zum Mitnehmen, nebenan im Salão Bilac abgepackte günstigere Portionen. Im 1. OG ist der Salão Cabral (Suppen 13 R$, Mo–Fr 11.30–15 Uhr) über Treppen erreichbar.

13 | Paläste und Altstadtgassen – Rios historische Hafengegend

Karte: ► F 2/3 | **Bus:** 123 von Ipanema/Copacabana bis Praça 15 de Novembro

Das frühere Hafengebiet von Rio, heute ein Unterbezirk des Zentrums, ist unbedingt einen Besuch wert. Dort wohnte und lebte der 1808 aus Lissabon geflohene Hofstaat, man sieht die älteste Kathedrale Rios, den Kaiserpalast, Zollgebäude, Handelskontore, eine der ältesten Handelsgassen und die damals nobelste Geschäftsstraße, die Rua do Ouvidor, wo heute Rios After-Work-Party stattfindet.

Wenn man von der verkehrsreichen Rua 1 de Março nahe der **Praça 15 de Novembro** rechts die mächtigen neoklassizistischen Säulen und die abends schön beleuchtete Kuppel des **Palácio Tiradentes** 1 (1926) erspäht, ist der Ausgangspunkt des Rundgangs erreicht. Die große Statue vor dem Gebäude stellt den aus Ouro Preto stammenden Unabhängigkeitskämpfer Joaquim José da Silva Xavier dar, wegen seines Berufs nannte man ihn ›Tiradentes‹ (Zahnzieher). Das Denkmal steht etwa dort, wo sich früher ein Gefängnis und die Zelle befand, in der er 1792 auf seine Hinrichtung wartete. Seit Gründung der Republik (1889) gilt Tiradentes als Freiheitsheld und wurde zum Namensgeber des an dieser Stelle neu errichteten **Parlaments** von Brasilien. Seit dem Umzug der Regierung nach Brasília (1960) dient es als **Landtag von Rio.** Die Besichtigung der Innenräume ist kostenlos, eine Ausstellung der geschichtlichen Ereignisse erfolgt in chronologischer Abfolge. Gleich nebenan steht die kleine **Igreja São José** 2, deren größte Besonderheit eine seltene Josefsfigur auf dem Altar ist.

Imperiales Ambiente an der Praça 15 de Novembro

Neben dem Parlament bzw. Landtag befindet sich der **Paço Imperial** 3

(Kaiserpalast). Der zweigeschossige weiße Bau im Kolonialstil gilt als der am besten erhaltene des alten Rio. Ab 1743 diente er als Gouverneurs- und Vizekönigssitz, 1808 als Residenz des vor Napoleon Bonaparte aus Lissabon geflüchteten portugiesischen Prinzregenten Dom João VI. und von 1822 bis 1889 als kaiserlicher Regierungspalast. Heute beherbergt er ein Kulturzentrum, ein interessantes Laden-Café mit CDs, Büchern und Souvenirs sowie im Innenhof ein schönes Bistro.

Schräg gegenüber vom Kaiserpalast erhebt sich die restaurierte **Paróquia de N. S. do Carmo da Antiga Sé** 4, die von 1808 bis 1976 als Kathedrale und mitunter auch als Opernhaus diente und auf deren Turm in etwa 30 m Höhe eine Bronzestatue der Nossa Senhora da Conceição (1913) aufragt. Sowohl Dom João VI. als auch Dom Pedro I. und Dom Pedro II. wurden hier gekrönt.

Vor der Kirche bzw. neben dem Kaiserpalast liegt die **Praça 15 de Novembro** (Platz des 15. November). In ihrer Mitte steht ein Reiterstandbild und wenige Meter dahinter ein Brunnen von 1789, **Chafariz do Mestre Valentim** 5. An dieser Stelle legten noch bis Ende des 19. Jh. die Handelsschiffe an, später wurde der Platz hinter dem Brunnen jedoch aufgeschüttet und betoniert.

Die schönsten Altstadtgassen

Links vom Platz beginnt unter einem Torbogen *(Arco do Teles)* die wunderschöne frühere Handelsgasse **Travessa do Comércio** 6, wo sich heute mehrere Straßencafés, Bars und Restaurants befinden, die nach Feierabend zum besten After-Work-Treffpunkt von Rio werden. Die Travessa führt direkt zur berühmten **Rua do Ouvidor.** Im gesamten 19. Jh. galt im ganzen Land das geflügelte Wort: »Brasilien ist Rio de Janeiro und Rio ist die Rua do Ouvidor«. Es war nicht nur die eleganteste Einkaufs- und Flaniermeile, sondern auch die erste Fußgängerzone der Stadt (1829, heute nicht mehr) sowie die erste Straße, in der eine Gasbeleuchtung (1860) installiert wurde. Noch heute ist sie recht belebt, und von Montag bis Freitag wird auch hier nach der Arbeit kräftig gefeiert (s. S. 104).

Übrigens: Nur 200 m von der **Igreja de N. S. da Candelária** 10 entfernt liegt die populäre Shoppingmeile **SAARA.** In mehreren Altstadtgassen (u. a. Rua da Alfândega, Rua Buenos Aires und Rua dos Andradas) reiht sich ein Billigladen an den anderen, darunter mehrere Flipflop- oder Havaiana-Läden sowie Geschäfte für Nippes und allerlei Bastelbedarf. In der **Casa Turuna** 1 (Rua Senhor dos Passos 125/127) werden das ganze Jahr über günstig Karnevalsschmuck und -kostüme angeboten. Es ist ein quirliges Viertel, das man ohne Gefahr durchstreifen kann (Mo–Fr 9–18, Sa 9–14 Uhr).

Kultur und Kirchen

Weiter an der Hauptstraße entlang kommt man zur **Igreja Santa Cruz dos Militares** 7, einer der wenigen Rokokokirchen in Rio. Ein paar Meter weiter folgt das **Centro Cultural Banco do Brasil (CCBB)** 8 in einem neoklassizistischen Gebäude von 1880 mit einem beeindruckenden Kuppelsaal, drei Theatern, einem Café, Museum, Bibliothek und einem Teehaus. Höchst interessante Ausstellungen internationalen Rangs sind hier meistens gratis. Rechts dahinter liegt die ebenfalls sehenswerte **Casa França-Brasil** 9, das Haus diente von 1824 bis 1944 als Zollgebäude und gilt als bekanntestes Symbol der Neoklassik in Rio, ist aber im Grunde sehr eklektisch, schon die romanischen Säulen zeigen dies. Mitunter finden hier sehenswerte Ausstellungen statt.

Und schließlich sieht man bereits gegenüber eine der markantesten Kirchen von Rio, die **Igreja de N. S. da Candelária** 10. Sie ist innen im Stil der italienischen Renaissance gehalten und damit einzigartig in Rio, von außen beeindruckt sie schon durch ihre schiere Größe.

Tipp

Besuchen Sie die Gegend am besten an einem Werktag oder auch samstags, dann findet in der Rua do Ouvidor am Nachmittag sogar eine Samba-Runde statt. Sonntags ist jedoch alles recht ausgestorben und vieles geschlossen.

Infos

Palácio Tiradentes 1: Rua 1 de Março, Tel. 021 25 88 12 51, Mo–Sa 10–17, So 12–17 Uhr, Eintritt frei.
Igreja São José 2: Av. Presidente Antônio Carlos s/n, Mo, Mi–Fr 8–17, Di 8–16, So 9.30–11 Uhr.
Paço Imperial 3: Praça 15 de Novembro 48, Mo–Fr 11–19.15, Sa, So 12–18 Uhr, Eintritt frei. Im Innenhof werden gelegentlich Ausstellungen gezeigt; das Café Arlequim mit Buch- und CD-Laden öffnet Mo–Fr 10–20, Sa 10–18 Uhr.
Paróquia de N. S. do Carmo da Antiga Sé 4: Tel. 021 22 21 05 01, Mo–Fr 7–15, Sa 10–14, 5 R$, Messe So 9 und 11 Uhr (Zugang auch seitlich von der Rua 7 de Setembro).
Igreja Santa Cruz dos Militares 7: Rua 1 de Março 36, Mo–Fr 9–16, Sa 9–13 Uhr.
Centro Cultural Banco do Brasil (CCBB) 8: Rua 1 de Março 66, Tel. 021 38 08 20 20, www.culturabancodobrasil.com.br (Programm über Website), Mi–Mo 9–21 Uhr, Eintritt frei oder gering. Ausstellungen, Theater, klassische Konzerte und Kino.
Casa França-Brasil 9: Rua Visconde de Itaboraí 78, Tel. 021 23 32 51 20, www.casafrancabrasil.rj.gov.br, Di–So 10–20 Uhr, Eintritt frei.
Igreja de N. S. da Candelária 10: Mo–Fr 7.30–16, Sa 8–12, So 9–13 Uhr.

Essen und Trinken

In der Travessa do Comércio ist das **Coccinelle Bistrô** 1 (Mo–Sa 11.30–17 Uhr) eines von mehreren hübschen Restaurants für die Mittagspause. Ein Stück weiter finden sich in der romantischen Rua do Rosário weitere nette Lokale, die ihre Tische im Freien aufstellen, wie die **Brasserie Rosário** 2 (Rua do Rosário 34, Tel. 021 25 18 35 33, www.brasserierosario.com.br, Mo–Fr 11–21, Sa 11–18 Uhr). Im Gebäude der früheren Schatzkammer des portugiesischen Königs erwarten Sie exzellente Gourmetküche und eine gute Weinkarte. Ab 18.30 Uhr kann man Do Jazz und Fr Samba-Jazz live erleben.
Lampadosa 3: s. S. 94.

Naturkosmetik

Granado Pharmácias 2: s. S. 101.

14 | Kunst, Architektur und herrliche Aussicht – Niterói

Karte 5: ► D/E 2/3 | **Fähre:** ab Praça XV, bis Estação das Barcas, Niterói, 150 m links Bus 33 bis Icaraí | **Bus:** 740 D ab Ipanema (Praça General Osório)/Copacabana (7 R$)

Das Schönste an Niterói sei der Blick auf Rio, so spotten die Cariocas. Tatsächlich sieht man die vielen Felsen und Hügel von der anderen Seite der Guanabara-Bucht am besten. Doch Niterói bietet neben vielen unvergesslichen Ausblicken auch ein spektakuläres Niemeyer-Museum, Gourmetgastronomie, den erholsamen Parque da Cidade und eine idyllisch gelegene Festung.

Die Fährüberfahrt führt bis zur **Estação das Barcas** 1 in Niterói, 150 m links nimmt man am Busbahnhof Terminal Rodoviário João Goulart (Terminal das Barcas) Bus 33 bis zur Strandpromenade von Icaraí (Ausstieg Haltestelle »Ingá«). Auf einer Anhöhe rechter Hand erscheint direkt die größte Touristenattraktion der Stadt, das berühmte **Museu de Arte Contemporânea (MAC)** 2 von 1996. Es erinnert an eine fliegende Untertasse, auch wenn sein Schöpfer Oscar Niemeyer dabei an eine Blume oder Blüte gedacht hatte. Auf dem ca. 10-minütigen Fußweg hinauf ergibt sich ein perfektes Postkartenmotiv, nämlich das Museum zusammen mit dem Zuckerhut im Hintergrund.

Der faszinierende runde Bau besitzt oben einen Durchmesser von 50 m, unten am Sockel sind es jedoch nur 9 m. Im Innern werden wechselnde Ausstellun-

Übrigens: Niterói bietet herrliche Atlantikstrände, sehr reizvoll sind **Itacoatiara** (Bucht in einer Hügel- und Felsenlandschaft, viele Surfer) und **Itaipu** (Strandbars, einmaliger Blick auf Rio und die Copacabana). Bus 38 fährt vom Zentrum (Estação das Barcas) ganz bis Itaipu (1 Std.), kurz davor kann man bei einem Kreisverkehr aussteigen und noch 500 m zu Fuß bis Itacoatiara gehen.

gen zeitgenössischer Kunst gezeigt. Das eigentliche Kunstwerk ist aber das Gebäude selbst, bereits offizielles Emblem von Niterói. Auch die Lage auf einem Felsvorsprung an der Bucht und der Blick auf Rio sind spektakulär, auffällig ist der bewusst gewählte parallele Winkel zur Schräge des Zuckerhuts. Das Museum selbst lohnt sich vor allem wegen der 360-Grad-Panoramaaussicht, die Kunstausstellungen sind eher mager. Unterhalb eines künstlichen Sees befindet sich noch ein feines Panorama-Bistro.

Praia de Icaraí

Danach geht es wieder hinab an den **Icaraí-Strand** 3, dessen 2 km lange Promenade man entlang laufen sollte (alternativ Bus 33). Unterwegs bieten sich die herrlichsten Aussichten auf Rio. In perfekter Harmonie reiht sich die gesamte Hügellandschaft der Nachbarstadt auf: Zuckerhut, Dois Irmãos, Pedra da Gávea, Corcovado und Pico da Tijuca. Am Ende wartet Niteróis bestes Self-Service-Lokal **Tenore Gourmet** 2, gleich nebenan ist es günstiger bei **La Mole** 3.

Alles von oben

Anschließend empfiehlt sich ein Besuch in Niteróis Stadtpark, dem **Parque da Cidade** 4. Per Taxi geht es steil hoch durch Atlantischen Regenwald (Hin- und Rückfahrt plus Wartezeit 30 Min. ca. 25 R$). In 270 m Höhe befinden sich zwei Startrampen für Drachen- und Gleitschirmflieger. Von der einen Rampe reicht der Blick über zwei große Lagunen und die Atlantikstrände von Niterói, von der anderen über die ganze Bucht von Guanabara und Rio de Janeiro. Links sieht man die Copacabana, dann sämtliche Felsen und Hügel und rechts das Zentrum und die lange Brücke. Von der Terrasse eines kleinen Cafés eröffnet sich ein ähnliches Panorama. Mit Sicherheit hält es allen Vergleichen mit den berühmteren Aussichten vom Corcovado oder Zuckerhut stand. Nach dem Besuch kann man sich unten im Stadtteil São Francisco bei dem hervorragenden italienischen Self-Service-Lokal **Família Paludo** 4 absetzen lassen. Ein paar Meter weiter liegen weitere Restaurants und Bars, hier befindet sich Niteróis beliebteste Partymeile.

Abstecher zur Buchteinfahrt

Per Taxi oder mit dem (recht seltenen) Bus 33 »Fortaleza« kann man noch bis ans Ende der Guanabara-Bucht fahren. Der Weg führt auf einer kurvigen Küstenstraße durch die idyllische Fischerkolonie **Jurujuba,** wo sich ein Stopp im Fischrestaurant **Berbigão** 5 mit schöner Aussicht von der Terrasse lohnt.

Am Ende der Straße liegt die mächtige Festung **Fortaleza de Santa Cruz** 5, sie wurde 1555 von den Franzosen unter Villegaignon errichtet, es war die erste Anlage an der Bucht überhaupt. 1567 wurde sie von den Portugiesen übernommen und später mehrfach ausgebaut, heute gilt sie als eine der größten Südamerikas. Eine Besichtigung (Führungen nur auf Portugiesisch) lohnt sich weniger als der weite Blick auf den Atlantik und die Bucht.

Rückfahrt nach Rio

An der Straße unterhalb des Stadtparks fährt Bus 740 D nach Rio (auch nachts). Alternativ verkehren Katamarane von der nahen Fährstation **Estação Hidroviária** 6, ebenfalls ein Niemeyer-Bauwerk. Oder man nimmt einen der vielen Busse mit der Aufschrift »Barcas« (Fähren) bis zur **Estação das Barcas** 1, steigt dort wieder in die Fähre und genießt die langsame Anfahrt auf Rio. Beide Boote legen an Rios Praça XV an, eine gute Gelegenheit, noch die alte Hafengegend, den Kaiserpalast und das Parlament zu besichtigen sowie die dort stattfindende After-Work-Party zu besuchen (s. S. 64).

Bootsverbindungen

Estação das Barcas 1: Fähren nach Rio tgl. 5.30–23.30 Uhr, alle 10–20 Min., Fahrtzeit 20 Min., 4,80 R$.
Estação Hidroviária 6: Mo–Fr 6.30–20.30 Uhr, alle 15–30 Min., Fahrtzeit 15 Min., 13 R$.

Infos und Öffnungszeiten

Museu de Arte Contemporânea 2: Mirante da Boa Viagem, Tel. 021 26 20 24 00, www.macniteroi.com.br, Di–So 10–18 Uhr, 10 R$ (Mi gratis).
Parque da Cidade 4: tgl. 9–18, im Sommer 9–19 Uhr, Eintritt frei.

Essen und Trinken

Bistro Mac 1: Tel. 021 26 29 14 16, www.bistromac.com.br, Di–Do, So 9–18, Fr, Sa 9–24 Uhr. Das Interieur ist im 1970er-Jahre-Retrostil gehalten; sehr guter Kuchen.
Tenore Gourmet 2: Praia de Icaraí 521, Tel. 021 26 10 18 93, tgl. 11.30–23 Uhr. Super All-you-can-eat-Buffet (zu bestimmten Zeiten), 69 R$ ohne Nachtisch.
La Mole 3: Rua Comendador Queiroz 8, Tel. 021 34 60 08 00, www.lamole.com.br, tgl. 11.30–24 Uhr. Nettes Lokal mit brasilianischer Küche, preiswerte Tagesgerichte um 20 R$.
Família Paludo 4: Av. Quintino Bocaiúva 247, www.grupopaludo.com, tgl. 12–24 Uhr.
Berbigão 5: Av. Bento Maria da Costa 1275, Jurujuba, Tel. 021 27 14 45 55, tgl. 12–23 Uhr.

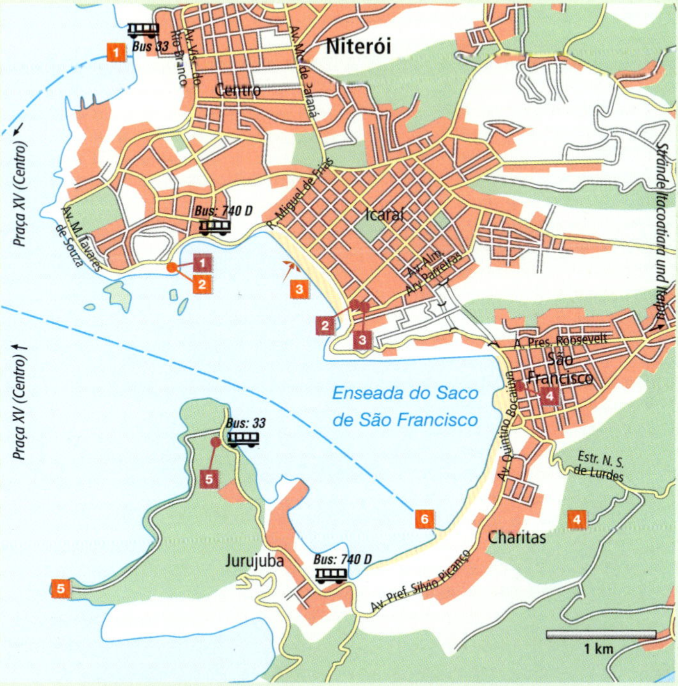

15 | Ausflug in die Nordzone – Maracanã und São Cristóvão

Karte: ▶ A/B 2/3 | **Metro:** Maracanã | **Bus:** 464 ab Leblon/Ipanema/ Copacabana bis Maracanã

In der ärmeren Nordzone gibt es nur wenige, dafür umso bedeutsamere Attraktionen. Da sind in erster Linie das Maracanã-Stadion und im benachbarten São Cristóvão das Nationalmuseum, im 19. Jh. Hauptresidenz der Kaiserfamilie. Ganz in der Nähe liegt ein sehenswerter Folkloremarkt.

Das weltberühmte **Maracanã-Stadion** 1 (offiziell: Estádio Mário Filho) wurde 1949 bis 1950 für die erstmalig in Brasilien ausgetragene WM erbaut. Beim Endspiel Brasilien-Uruguay kamen 199 854 Besucher, immer noch die offizielle Rekordmarke. 1969 schoss hier der Superstar Pelé vor gefüllten Rängen sein 1000. Tor. Auch viele legendäre Konzertauftritte kennzeichnen die Geschichte des Stadions (u. a. Frank Sinatra, Rolling Stones).

Für die Fußball-WM 2014 und die Olympischen Spiele 2016 fand ein aufwendiger Umbau statt, der Anfang 2013 abgeschlossen war. Der gesamte Zuschauerbereich (76 639 Sitze) wurde überdacht, es entstanden neue Logen, dazu 60 Bars und 10 500 Parkplätze, außerdem wurde eine komplett neue Technik eingerichtet. Auf dem schmucken Vorplatz am Haupteingang reckt Bellini, Kapitän des ersten Weltmeisterteams 1958, als Bronzestatue den World Cup Jules Rimet in die Höhe. Auf dem Sockel sind die Namen aller bisherigen brasilianischen Weltmeister verewigt.

Besichtigungen von einem klimatisierten Museum mit Blick auf das Spielfeld sind nun täglich möglich. Ein paar kurze Videofilme und ein brasilianischer ›Walk of Fame‹, auf dem auch Franz Beckenbauers Fußabdrücke zu sehen sind, bilden den musealen Rahmen. Rios Bürgermeister Eduardo Paes verkündete stolz: »Das Herz der WM 2014 wird in Rio de Janeiro schlagen.«

Nationalmuseum und Zoo

Im nahen Viertel São Cristóvão befindet sich im **Parque Quinta da Boa Vista** 2 das **Museu Nacional** 3 mit mehr als 4000 Ausstellungsstücken. Der einstige Palast Quinta da Boa Vista gehörte 1808 noch einem reichen Sklavenhändler, der ihn im Tausch gegen einen Adelstitel dem portugiesischen Prinzregenten Dom João VI. als Residenz zur Verfügung stellte. Später wohnten hier die Kaiser Dom Pedro I. und II. 1891 wurde der Palast in ein naturkundliches Museum umgewandelt, es gilt heute als das größte dieser Art in Lateinamerika. Die Sammlung im zoologisch-botanischen Teil gilt als äußerst wertvoll, der archäologisch-ethnologische Teil beherbergt u. a. ägyptische Mumien und Objekte diverser indigener Völker.

Der Park selbst ist an Wochenenden beliebtes Picknickziel für Familien aus der Nordzone und erinnert dann an einen Rummelplatz. Recht nah an der Einfahrt befindet sich das **Restaurante Quinta da Boa Vista** 1, gleich daneben liegt mit dem **Jardim Zoológico** 4 der älteste Zoo Brasiliens.

Der Markt von São Cristóvão

Per Taxi sind es nur wenige Minuten bis zur **Feira de São Cristóvão** 5. Auf einer Fläche von 34 000 m² versammeln sich 700 Verkaufsstände, Bars und Restaurants sowie zwei große Livemusik-Bühnen und etliche Tanzschuppen. Hier treffen sich am Wochenende neben vielen Cariocas die aus dem Nordosten Brasiliens migrierten *nordestinos*, die ihr Heimweh stillen, zu vertrauten Forró-Klängen feiern und tanzen und sich in einem der vielen Restaurants an der typischen Nordost-Küche laben.

Es ist ein ganz eigener Mikrokosmos innerhalb von Rio, geprägt von exotischen Düften, fremden Klängen und bunten Bildern. Beim Schlendern über das Marktgelände findet man günstige Souvenirs wie Hängematten, Musik-CDs oder Ledersandalen ab 7 R$. Wer es nicht bis in den brasilianischen Nordosten schafft, kommt hier ganz nah heran.

Infos

Maracanã 1: www.maracana.com, Museum tgl. 9–17 Uhr, Eintritt ohne Führung 20 R$, mit Führung 30 R$.
Museu Nacional 3: Di–So 10–16 Uhr, 3 R$.
Jardim Zoológico 4: Di–So 9–16.30 Uhr, 6 R$.
Feira de São Cristóvão 5: s. S. 108.

Essen und Trinken

Quinta da Boa Vista 1: Tel. 021 25 89 65 51, www.restaurantequintaboavista.com.br, tgl. 10–18 Uhr. Die Kellner tragen Mo–Fr Kostüme aus der Kaiserzeit.
Estação Baião de Dois 2: Feira de São Cristóvão, Tel. 021 38 60 32 38, www.baiaodedois.com.br, Di–Do 11–17, Fr, Sa 11–2, So 11–20 Uhr. Spezialität ist *Carne de Sol*.

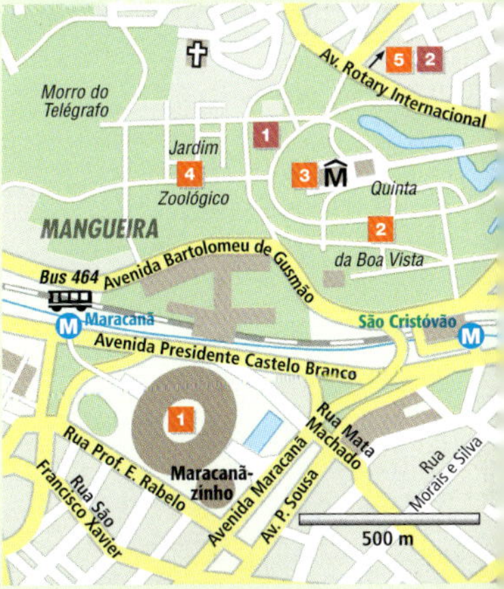

Noch mehr Rio de Janeiro

Kirchen

Igreja e Mosteiro de São Bento ► F 2

Rua Dom Geraldo 68, Centro, tgl. 7–18.30 Uhr, So 10 Uhr Messe mit gregorianischem Gesang, Anfahrt per Taxi
Das auf einem Hügel gelegene Benediktinerkloster dürfen nur männliche Besuchern nach Voranmeldung besuchen (Tel. 021 22 06 81 00), die angrenzende Kirche aus dem 17. Jh. steht allen offen. Sie gehört zu den bedeutendsten Werken des brasilianischen Barock. Die weiß getünchte Fassade mit den zwei Türmen wirkt recht schlicht, im Inneren herrscht jedoch eine kaum zu übertreffende Pracht. Sowohl das Kirchenschiff als auch die acht Seitenkapellen sind vollständig mit vergoldetem Schnitzwerk verziert. Bei der spärlichen Beleuchtung kommen die 14 Gemälde des Kölner Benediktiners Ricardo do Pilar (1643–1718) leider kaum zur Geltung.

Museen und Galerien

Instituto Moreira Salles

► Karte 5, C 3

Rua Marquês de São Vicente 476, Gávea, Tel. 021 32 84 74 00, www.ims.com.br, Anfahrt per Taxi von Copacabana/Ipanema ca. 15–25 R$, Di–So 11–20 Uhr, Eintritt frei
Dieses Kulturzentrum *(centro cultural)* ist ein schönes Ziel für Liebhaber der Fotografie. In einem modernistischen Haus von 1940 sowie einem Nebengebäude finden temporäre Ausstellungen statt.

Ausflug zur Insel Paquetá

Paquetá (► Karte 5, D 1) ist eine kleine autofreie Insel (4500 Einw.) in der Bucht von Guanabara, von der man einen herrlichen Blick auf Rio genießt. Ab 1808 residierte im Königspalast Solar D'El Rei der portugiesische Prinzregent Dom João VI., auch andere Angehörige des Hofstaates besaßen hier herrschaftliche Villen. Sehenswert sind die **Kapelle São Roque** (1698) und der **Park Darke de Matos.** Die Insel ist recht grün und steht unter Naturschutz. Die Strände, besonders Moreninha und José Bonifácio, sind ebenfalls reizvoll und das Wasser ist in diesem sauberen Teil der Bucht sogar zum Baden geeignet. Ferner bietet Paquetá einen **Kunsthandwerksmarkt** *(Paquetá das Artes)* und ein paar nette Lokale, die man bei Ankunft und auf dem Rundweg leicht findet. Die Erkundung erfolgt zu Fuß, per Mietfahrrad oder in der Pferdekutsche.
Info: Fähren ab Estação das Barcas (Praça 15 de Novembro, Centro), am besten 10.30 oder 11.30 Uhr, Fahrtzeit 70 Min., Preis pro Fahrt 5 R$.

Museu de Arte do Rio (MAR)

► E/F 2

Praça Mauá 5, Centro, Tel. 021 30 31 27 41, www.museudeartedorio.org.br, Di–So 10–17 Uhr, Eintritt 8 R$ (Di frei).
Das neue Kunstmuseum (2013) ist Teil des städtebaulichen Großprojekts **Meu Porto Maravilha,** das die vollständige Modernisierung von Rios Hafengegend anstrebt. Fast noch spannender als die wechselnden Gemäldeschauen ist der geniale Blick von der Dachterrasse im 6. OG auf die umliegende Großbaustelle, u. a. das auf dem Pier Mauá entstehende **Museu do Amanhã.** In dem spektakulären Bau des spanischen Stararchitekten Santiago Calatrava soll es ab 2015 um die Zukunft, das Klima, das lange Leben der Menschen, neue Formen der Arbeit und Nachhaltigkeit gehen.

Museu Histórico Nacional

► G 3

Praça Marechal Âncora, Centro, Tel. 021 32 99 03 24, www.museuhistoriconacional.com.br, Di–Fr 10–17.30, Sa, So, Fei 14–18 Uhr, 8 R$ (So frei)
Interessantes Museum zur Geschichte Brasiliens mit vielen Exponaten aus der Kolonialzeit, dem Kaiserreich und der Republik, darunter Gemälde, Mobiliar, Uniformen, Kanonen, Festkutschen, Throne, Oldtimer, eine Apotheke von 1847 und Münzsammlungen. Sogar die Prähistorie ist berücksichtigt, u. a. mit einer Nachbildung von Felsmalereien der Serra da Capivara in Piauí.

Parks und Gärten

Parque Lage ► B/C 8

Rua Jardim Botânico 414, www.eavparquelage.rj.gov.br, Jardim Botânico, Tel. 021 32 57 18 23, Anfahrt per Taxi von Copacabana/Ipanema ca. 15–25 R$, tgl. 8–17 Uhr, Eintritt frei
Außer den von einem Engländer angelegten Gärten beeindruckt hier eine alte herrschaftliche Villa, einst Residenz eines reichen Industriellen. Dort ist auch die **Escola de Artes Visuais,** die Schule der Bildenden Künste, mit dem lauschigen D.R.I. Café (s. S. 92) untergebracht.

Parque Nacional da Tijuca

► Karte 5, C 3

Schwer öffentlich zu erreichen, am besten über eine organisierte Tour, z. B. Jungle Me (s. S. 23) oder Jeep Tour (Tel. 021 34 86 63 79, www.jeeptour.com.br, 4 Std., 127 R$ p. P.); Mückenschutz!
Zur Zeit der Entdeckung 1502 war das Gebiet noch ganz von Regenwald überzogen. Nach jahrhundertelangem Raubbau war 1861 der Baumbestand stark zurückgegangen, bis Kaiser Dom Pedro II. eine einzigartige Wiederaufforstungsaktion einleitete. In 14 Jahren wurden von elf Sklaven etwa 80 000 Bäume angepflanzt. Daraus entstand ein ausgedehnter Sekundarwald mit Palmen, Baumfarnen und Epiphyten. An Tieren lassen sich häufig kleine Büschelaffchen *(micos),* Brüllaffen *(macaco prego),* Nasenbären, Tangare, Kolibris und Riesenschmetterlinge beobachten.

Der 1961 gegründete Nationalpark von Tijuca umfasst 3360 ha und besteht aus vier Teilen. Der stadtnächste Teil, die **Serra da Carioca** (Setor B), erstreckt sich vom Corcovado bis bis weit hinter den Aussichtspunkt **Vista Chinesa,** den man vom Botanischen Garten aus recht schnell erreichen kann (s. S. 43). Ein weiterer Teil des Nationalparks um die Pedra da Gávea (Setor C) reicht vom Stadtteil São Conrado bis Barra da Tijuca (s. S. 74).

Der meistbesuchte und mit 15 km^2 ausgedehnteste Teil des Parks nennt sich **Floresta da Tijuca** (Setor A, an den sich Setor D Covanca anschließt), er liegt noch weiter außerhalb in nordwestlicher Richtung, der Parkeingang befindet sich an der Praça Afonso Viseu, Alto da Boa Vista (tgl. 9–18 Uhr, Eintritt frei). Kurz nach der Einfahrt hört man das Rauschen von Rios mächtigstem Wasserfall, der **Cascatinha do Taunay** (40 m), der jedoch in Trockenperioden nur recht schwach tröpfelt. Hier gibt es auch ein Bar-Restaurant namens Cascatinha. Die Straße führt dann erst an der 1863 errichteten kleinen **Capela Mayrink** vorbei und zu einem schönen **Besucherzentrum** *(centro de visitantes)* mit interessanten Fotos und zweisprachigen Informationen zur Flora und Fauna. Auf dem weiteren Weg findet sich das schön gelegene Wald-Restaurant **A Floresta.** Vom ein Stück weiter liegenden Platz Bom Retiro aus gelangt man in 1,5 Stunden auf einem Waldpfad und über in Felsen gehauene Treppenstufen zum Gipfel des 1021 m hohen Pico da Tijuca, dem höchsten Berg von Rio.

Zona Oeste (Westzone) am Atlantik

São Conrado ▶ Karte 5, C 3

Busse 177, 308 oder 523 ab Copacabana/Ipanema/Leblon

Im kleinen Viertel São Conrado (12 000 Einw.) liegt der 842 m hohe Tafelberg **Pedra da Gávea,** der größte Küstenmonolith der Welt. Die modernen Wohnblocks an der **Praia do Pepino** gehören zu den teuersten der Stadt. Dort landen die Drachenflieger und Paraglider, man kann im Tandem ab **Pedra Bonita** mitfliegen und den fantastischen Blick über die grünen Hügel des Tijuca-Nationalparks genießen (s. S. 73).

Barra da Tijuca ▶ Karte 5, B 3/4

Busse 308 oder 523 ab Copacabana/Ipanema/Leblon, je nach Verkehrsdichte über 1 Std. Fahrt, in der Rush Hour bis 3 Std. (mit der in Bau befindlichen Metrolinie 4 ab 2016 kürzer)

Das moderne Mittelschichtviertel Barra da Tijuca ist erst in den letzten zwei Jahrzehnten explosionsartig gewachsen und zählt heute schon rund 300 000 Einwohner. Wegen des amerikanischen Lebens- und Wohnstils wird es das Florida oder Miami Brasiliens genannt. Davon zeugen auch diverse Malls, das **Barra Shopping** (s. S. 102) ist sogar die größte Lateinamerikas. Neben vielen Prominenten wohnen hier die Familien mittlerer und höherer Angestellter, häufig abgeschottet von der Außenwelt in vielgeschossigen Hochsicherheits-Condomínios. Da keine Hügel den Bauboom begrenzen und noch freie Flächen vorhanden sind, entsteht hier das Olympische Dorf 2016. Zudem wird der größte Teil der Wettbewerbe in den Sportstätten dieses Viertels ausgetragen.

Der mit 12 km längste Strand der Stadt ist auch einer der beliebtesten: Feiner Sand, türkisgrünes sauberes Wasser und viele Strandbars ziehen Cariocas aus allen Stadtteilen an. Die **Barraca do Pepê** ist ein Promitreff, im Sommer gibt es am frühen Samstagabend Livemusik. Auch wird hier viel Wassersport betrieben, es gibt viele Surfer und nahe der Pepê-Bar befindet sich eine **Kitesurf-Schule.**

Recreio, Prainha und Grumari

▶ Karte 5, A/B 4

Busse 308, 523 bis Terminal Alvorada kurz hinter Barra Shopping, Reststrecke bis Recreio per Bus/Van, von dort bis Prainha zu Fuß oder per Taxi; bis Grumari per Taxi; es gibt auch einen Surf-Bus (s. S. 23). Im Sommer an warmen Sonntagen oft Staus, v. a. zurück

Recreio ist Rios letzter Stadtteil am Atlantik. Die **Praia do Recreio** ist wegen der Entfernung und der wenigen Anwohner ruhiger als der Strand von Barra. Am Ende befinden sich ein kleiner

Park und die Pedra do Pontal, ein gewaltiger Felsen im Meer, der den Strand von der benachbarten **Praia da Macumba** trennt.

In einem üppig grünen Naturschutzgebiet liegt die kleine **Prainha,** der vielleicht zauberhafteste Strand von Rio, völlig unverbaut und eingerahmt von Urwaldhügeln. Viele Surfer tummeln sich im türkisblauen Wasser, kein Plastikmobiliar trübt den Strandblick (hier liegt man noch auf dem Badetuch im Sand) und am Strandweg versorgen einfache *barracas* aus Holz die Badenden mit frischem Kokosnusswasser.

Der ebenfalls schön in der Natur gelegene Strand von **Grumari** ist der ursprünglichste und sauberste von ganz Rio. Der Abschnitt **Abricó,** Rios einziger offizieller FKK-Strand, wird im Sommer von bis zu 400 Naturalisten besucht (oft Gays). Die beste Stelle in Grumari befindet sich ganz am Ende neben einem ins Meer ragenden Felsen, der auch als Wellenbrecher fungiert. Dort gibt es mehrere Strandbars, in denen Fisch und Meeresfrüchte serviert werden.

Sítio Roberto Burle Marx

▶ Karte 5, A 4

Estrada Roberto Burle Marx 2019, Barra de Guaratiba, Tel. 021 24 10 14 12, www.sitioburlemarx.blogspot.com, Anfahrt mit Bussen 308, 523 bis Terminal Alvorada kurz hinter Barra Shopping, weiter mit Bus/Van bis Recreio, anschl. Taxi; englischsprachige Führungen Di–Sa 9.30 und 13.30 Uhr, nur nach tel. Anmeldung, Wegstrecke 2 km, Dauer 1,5 Std., 10 R$

Der Deutsch-Brasilianer und bedeutendste Landschaftsarchitekt Brasiliens Roberto Burle Marx lebte von 1973 bis zu seinem Tode 1994 im kleinen Ort Barra de Guaratiba. Sein 365 000 m^2 großer, urwaldähnlicher Landsitz beherbergt sein Wohnhaus, Kunstateliers, eine Kapelle aus dem 17. Jh., Gärten und Gewächshäuser mit mehr als 3500 Pflanzenarten, darunter einen über hundertjährigen gigantischen Feigenbaum *(figueira)* und spektakuläre Jadepflanzen von den Philippinen – hoch interessant für Naturliebhaber und Freunde tropischer Botanik.

Hohe Condomínios prägen die Küste von Barra da Tijuca

Ausflüge

Búzios ► Karte 2

Der kleine Ort Búzios (29 000 Einw.) liegt 191 km östlich von Rio auf einer Halbinsel und ist der mondänste Badeort Brasiliens. Das ehemalige Fischerdorf an der **Costa do Sol** (210 Sonnentage im Jahr) lebt heute fast ausschließlich vom Tourismus – hier gibt es Sonne, Strand, Nachtleben und Aktivitäten in Hülle und Fülle. Die Cariocas aus Rio lieben Búzios und kommen am Wochenende in Scharen her. Dennoch wurde die Entwicklung zu einer Hotel- und Bettenburg verhindert (z. B. darf kein Haus mehr als zwei Stockwerke haben) und viel des ursprünglichen Charmes blieb erhalten. Ein weiterer Trumpf ist das Klima. Selbst wenn es in Rio regnet, ist der Himmel weiter nordöstlich häufig ganz klar, denn der ständige Wind vertreibt schnell alle Regenwolken ins Landesinnere.

Rua das Pedras und Orla Bardot

Rund um die zentrale Promeniermeile **Rua das Pedras** findet man viele Boutiquen und zahlreiche noble Restaurants und Bars. Treffpunkt Nr. 1 ist seit jeher die Crêperie und Open-Air-Musikbar **Chez Michou** (Rua das Pedras 90, www.chezmichou.com.br, tgl. 12–2, Jan.–Feb. bis 5 Uhr).

Die kulinarische Meile setzt sich fort an der **Orla Bardot,** der wunderschönen Strandpromenade, von der man eine fantastische Aussicht aufs Meer hat und wo eine bronzene Verewigung von Brigitte Bardot versonnen über den Horizont in Richtung Heimat blickt. Mit der französischen Filmdiva, dem inoffiziellen Wahrzeichen von Búzios, hatte 1964 der ganze Rummel begonnen. Nachdem ein in Paris lebender Finanzier halb Búzios aufgekauft hatte, brauchte er nur noch die Bardot dorthin in bezahlten Urlaub zu schicken, um das internationale Tourismusgeschäft kräftig anzukurbeln. Dank einer Liebesaffäre blieb der Filmstar gleich mehrere Monate. In ihren Memoiren liest man: »Es gab kein Telefon, keinen Kühlschrank, kein fließendes Wasser, aber ich war an einem Meer, das wie himmelfarbener Champagner war, und ich erlebte die schönsten Tage meines Lebens.«

Viel Champagner fließt in der Hauptsaison und an den Wochenenden auch in Búzios' intensivem Nachtleben, die Megadisco **Privilège** (Orla Bardot, www.privilegebuzios.com.br) gehört zu den Top Ten von Brasilien.

23 Traumstrände

Leicht zu Fuß vom Zentrum über die Orla Bardot erreichbar sind die **Praia dos Ossos** (mit idyllischer Dorfkirche, Jachtclub und mehreren einfachen, aber guten Fischrestaurants, Tipp: O Barco) sowie kurz dahinter die landschaftlich entzückenden Strände **Azeda** und **Azedinha.** Das ruhige, saubere Meer ist ideal zum Schnorcheln. Diese drei Strände können Sie nacheinander ablaufen und auf dem Rückweg ein Taxiboot nehmen (s. S. 78). Ebenfalls ortsnah, nur in der Gegenrichtung, liegt der schöne Strand von **Tartaruga** mit wild wachsender Vegetation, Felsen und vorgelagerten Korallenriffs sowie einfachen Strandbars. Bei Ebbe bilden sich Naturpools.

Etwas weiter entfernt, an der Nordspitze, lockt der Strand von **João Fernandes** mit Palmen, feinem Sand und Fischlokalen mit herrlichem Meerblick (Tipp: gutes Mittagsbuffet im **La Plage**). Es ist am Tage der internationalste Treffpunkt von Búzios (viele Argentinier). Nur wenige Meter weiter folgt die kleinere und abgeschiedenere **Praia de João Fernandinho.**

Auf der anderen Seite der Halbinsel liegen die bildschöne, idyllische **Praia do Forno** und die wie eine große Lagune wirkende Bucht von **Ferradura** (beliebt zum Schwimmen, Schnorcheln und Segeln). Am abgelegenen Strand von **Geribá** trifft sich in den Sommermonaten gerne die Jugend, besonders an der Partybar Fishbone. Die kräftige Brandung lockt viele Surfer an. Geribá ist im Gegensatz zu den anderen Stränden das ganze Jahr über belebt, auch wochentags in der Nebensaison.

Die 8 km lange Bucht von **Manguinhos** wird weniger zum Baden aufgesucht, dafür ist hier abends umso mehr los. Am Pier des kleinen Hafens Porto da Barra haben sich Lokale und Kneipen angesiedelt, alle am Strand oder in Strandnähe und teils im Freien – ein toller Ort für den Sonnenuntergang.

Ausflüge

Am einfachsten lernt man die Halbinsel auf einer **Trolley-Tour** kennen, im seitlich offenen Lkw geht es zu zwölf Stränden und zwei Aussichtspunkten *(mirantes).* Zu empfehlen ist auch die Miete eines **Buggys:** Mit einem Inselplan kommt man auf abenteuerlich-vergnügliche Weise von Strand zu Strand (Buchung über die Pousada, um 150 R$/Tag).

Der eigentliche Clou sind jedoch die **Bootstouren.** Im Schoner oder auf einem komfortablen Katamaran (s. S. 78) geht es vorbei an den schönsten Stränden bis zu ruhigen Buchten, in denen Bade- und Schnorchelmöglichkeit besteht.

Begehrtes Fotomotiv: die bronzene Hommage an Brigitte Bardot in Búzios

An Bord werden Caipirinhas und andere Getränke serviert.

Infos und Touren

Internet: www.buziosturismo.com.

Touristenbüro Pórtico de Búzios: Manguinhos, Tel. 022 26 33 62 00, tgl. 8–20 Uhr.

Infostand: Trav. dos Pescadores, Ecke Praça Santos Dumont, Centro, So–Do 8–21, Fr, Sa 8–22 Uhr (gute Karten).

Tour Shop: Orla Bardot 550, Tel. 022 26 23 47 33, www.tourshop.com.br. Trolley-Touren (9, 12, 15 Uhr, 2 Std., 50 R$) und Katamaran-Ausflüge.

Porto Veleiro Turismo: Eigener Pier an der Praia da Armação, Tel. 022 26 23 24 70, www.portoveleirobuzios.com.br. Wunderbare Schonertouren zu zehn Stränden mit drei längeren Badestopps (10, 13 und 15 Uhr, 2,5 Std., 50 R$ bei Direktkauf über die Agentur, inkl. Maske/Schnorchel, Abholung vom Hotel).

Verkehr

Nahverkehr: Taxiboote *(táxis marítimos)* pendeln zu zwölf Stränden (5–15 R$ p. P., normale (Auto-)Taxis stehen an der Praça Santos Dumont (Tel. 022 26 23 21 60). Entlang der Hauptstraße fahren Vans (2,50 R$) zu Stränden und nach Porto da Barra.

Direkttransfer von/nach Rio: Regelmäßige Transfers direkt bis zum Hotel über die Agentur **Planet Costa do Sol** (Tel. 022 26 23 75 18, www.planetcostadosol.com.br, ca. 4 Std., 70 R$, reservierungspflichtig). Ab Flughafen Galeão (Terminal 2, Desembarque, Treffpunkt Café Pão de Queijo) um 10.30, 13.30, 17.30 und 21 Uhr, ab Flughafen Santos Dumont um 13 Uhr, von den Hotels der Zona Sul ab 9 Uhr (wegen der engen Gassen in Búzios Umstieg in Kleinbusse). Von Búzios 4 x tgl. zum Flughafen Galeão, 2 x tgl. zum Flughafen Santos Dumont, zu Hotels der Zona Sul um 10 Uhr.

Linienbusse von/nach Rio: Die Busgesellschaft **1001** (Tel. 022 26 47 10 01) fährt 8 x tgl. zur Rodoviária Novo Rio (3–4 Std., 43 R$). Tickets gegenüber der Bushaltestelle (Estrada da Usina Velha 444) oder im Zentrum (Rua Manoel Turíbio de Farias 212).

Übernachtung und Essen

Ohne Auto empfiehlt sich eine Unterkunft im Zentrum, von wo aus alles gut zu Fuß erreichbar ist.

Gute Aussichten – **Pousada Byblos:** Alto do Humaitá 14, Centro, Tel. 022 26 23 11 62, www.byblos.com.br, 488–753 R$ (plus 10 %). Trumpf ist die über der Orla Bardot gelegene Terrasse mit Pool, Lounge-Bar sowie traumhaftem Meerblick. Einige der 21 Zimmer haben Balkon und dieselbe Aussicht. Zum Haus gehören ein naher Apartmentkomplex (Whg. bis 4 Pers., 859 R$) sowie die günstigere, modernere **Pousada dos Búzios** (ab 404 R$, plus 10 %).

Am Badestrand – **Rio Búzios Boutique Hotel:** Rua 1, João Fernandes, Tel. 022 26 33 64 00, www.riobuzios.com.br, ab 640 R$. Designhotel am Strand. Wenige Meter weiter liegt das zum selben Haus gehörende und preislich etwas günstigere **Rio Búzios Beach Hotel**, das statt Fahrstuhl über eine eigene Standseilbahn verfügt.

Super Essen, fetzige Rhythmen – **Pátio Havana:** Rua das Pedras 101, Tel. 022 26 23 21 69, tgl. 18–2 Uhr (Nebensaison Mi–So), Eintritt frei. Traditionsreiches Ess- und Musiklokal im Kuba-Stil mit klasse Küche und Meerblick an den hinteren Tischen. Sehr gute Livebands, besonders die Salsa-Show (Do mit DJ ab 20.30 Uhr), bei der die Gäste zum Tanz aufgefordert werden, sorgt für Stimmung.

Buenos Aires lässt grüßen – **Estância Don Juan:** Rua das Pedras 178, Di 17–24, Mi–Mo 12–24 Uhr (Sommer

tgl. 12–2 Uhr), Hauptgerichte 32–68 R$. Seit 1994 beliebtestes Fleischrestaurant des Ortes, ganz im Stil eines argentinischen Tango-Hauses dekoriert, sehr aufmerksamer Service.
Edles Kilobuffet – **Buzin:** Rua Manoel T. de Farias 273, Tel. 022 26 33 70 51, tgl. 12–24 Uhr, 70 R$/kg. Fantastisches, ganztägiges Buffet, das zu den besten im Bundesstaat Rio zählt. Auch sehr gute Desserts.

Ilha Grande ▶ Karte 2

Die autofreie Insel Ilha Grande ist ein grünes Stück Amazonien mitten im Ozean und eines der schönsten Ausflugsziele in der Umgebung von Rio de Janeiro. Schon die Anfahrt im Boot durch die Bucht mit ihren zahllosen Inseln ist ein unvergessliches Erlebnis. Der praktisch einzige Ort **Vila do Abraão** (3300 Einw.) liegt zwischen Hügeln umgeben von üppiger Natur, hier befinden sich auch fast alle Pousadas und Restaurants. Da es noch keine Bankautomaten gibt, sollten Sie ausreichend Bargeld mitbringen. Oft ist aber auch das Zahlen mit Kreditkarte möglich.

Vergessene Insel

Jahrhundertelang lebten hier die Tupinambá-Indianer, deren Pfade heute noch bei Wanderungen benutzt werden. Obwohl schon 1502 entdeckt, begannen die Portugiesen erst 1725 mit der eigentlichen Kolonisierung. Bis dahin war sie lange fest in der Hand von europäischen Piraten. Die vielen kleinen Buchten dienten als ideales Versteck, von hier aus überfielen die Seeräuber die reich befrachteten portugiesischen Karavellen auf dem Weg von Paraty nach Lissabon, einige Wracks auf dem Meeresgrund zeugen noch davon. Von 1903 bis 1994 diente die Insel schließlich als berüchtigter Gefängnissitz. Auch deswegen blieb die Natur hier recht unangetastet, heute steht sie unter besonderem Schutz.

Kurzausflüge

Nur 200 m hinter dem Ortsstrand Praia do Canto gelangen Sie zur idyllischen **Praia da Júlia,** einer kleinen Bucht im Grünen mit Strandbar und ruhigem, klarem Wasser. Ein alter Indianerpfad führt von hier zu den hübschen Stränden von **Bica, Comprida** und **Crena** und dann durch den Regenwald zum malerischen Strand von **Abraãozinho,** wo zwei Restaurants zur Rast laden (ca. 40 Min. Fußweg, zurück per Taxiboot 10 R$).

Ein anderer Ausflug geht in entgegengesetzter Richtung zur **Praia Preta** (ca. 25 Min. Fußweg, Taxiboot 5 R$). Sie ist berühmt wegen ihres schwarzen Heilsandes, auch kann man dort die Ruinen eines Lazaretts für Leprakranke von 1800 besichtigen. Ein ausgeschilderter Weg führt zu einem im Urwald stehenden, aus Steinen und Walöl errichteten 11 m hohen Aquädukt (1873) und dem Wasserfall **Cachoeira Feiticeira.** Weiter bergab geht es zur ruhigen Bucht **Saco do Céu** mit Mangroven und Palmen.

Der Vorzeigestrand

Die 3 km lange **Praia Lopes Mendes** im Osten ist das Aushängeschild der Insel, oft wird sie zu den zehn schönsten Stränden Brasiliens gezählt. Über einen Wanderpfad kann man direkt dorthin gelangen (5 Std. hin und zurück, Weg mit Steigungen). Einfacher ist es jedoch mit einem Schoner (Abfahrt tgl. 9.30, 11.30 Uhr, zurück 15.30, 16.30 Uhr, Hauptsaison und So öfter, 30–45 Min., 20 R$): Vom Ankerplatz aus muss man ›nur‹ noch in 30 (schweißtreibenden) Minuten einen Hügel überwinden, doch die Anstrengung lohnt sich – das sich bietende Panorama ist einmalig! Gehen Sie etwas nach links, bevor Sie sich ins

Wasser stürzen, denn am Strandanfang treten öfter Strömungen auf. Wenn Sie ganz bis zum Ende spazieren wollen (ca. 30 Min.), stoßen Sie links auf eine Kapelle und etwas weiter auf ein großes angeschwemmtes, von Künstlern verziertes Ölfass. Bei Ebbe können Sie über die Felsen noch zu einer weiteren wahren Traumbucht gelangen (für den Rückweg die einsetzende Flut bedenken).

Inseltörns

Die meisten Attraktionen erschließen sich nur per Boot. Am beliebtesten sind die Ausfahrten im großen **Schoner** *(escuna),* die vormittags am Pier von Vila do Abraão starten (Tickets vor Ort oder am Vorabend in Agenturen erhältlich, 20–70 R$ p. P.). Man steuert mehrere Buchten an, wo Gelegenheit zum Schnorcheln/Tauchen besteht. Mit ihrem Fisch- und Korallenreichtum gilt die Costa Verde als drittbestes Tauchgebiet Brasiliens.

An der Nordküste ist besonders das Ziel **Lagoa Azul** sehr nachgefragt, auf den Ausflugsschonern herrscht oft ausgelassene Partystimmung. Ruhiger geht es dagegen bei den Fahrten zur weiter entfernten **Lagoa Verde** zu, eine der wenigen Stellen, an denen noch viele Korallen anzutreffen sind. Die Tour ist insgesamt weniger überlaufen, man macht einen interessanten Stopp bei einer Algenzucht, sieht Meeresschildkröten und die Unterwasserwelt hat mehr zu bieten. Noch mehr Ruhe hat man mit einem kleinen Privatboot (ab ca. 250 R$).

Infos und Touren

Infokiosk: am Bootsanleger, Tel. 024 33 61 55 08, tgl. 9–12, 15–18 Uhr, Insel- und Ortsplan erhältlich. Weiteres Infozentrum Richtung Praia Preta (INEA, Di–So 9–17 Uhr).

Internet: www.ilhagrande.com.br

Resa Mundi Eco Tours: Tel. 024 33 61 96 74, www.resamundi.com.br. Transfers u. a. nach Rio, Paraty und Búzios, Schoner- und Schnellboottouren, Wanderungen, mehrsprachige Guides. Besitzerin Deise Correia spricht Englisch.

Verkehr

Direkttransfer von/nach Rio: Resa Mundi (s. o.) bietet bequemen All-inclusive-Transfer mit Pick-up am Hotel (3–4

Inseltörns gehören an der Costa Verde zu den beliebtesten Ausflügen

Std., 110 R$ p. P., ab 2 Pers.), ab Rio 7.30, 11.30, 15 Uhr, zurück 9, 12.30, 17 Uhr.

Anreise mit öffentlichem Verkehr: Von Rios Busbahnhof Richtung **Angra dos Reis** (Gesellschaft Costa Verde, Tel. 021 36 22 31 23, www.costaverde transportes.com.br, 19 x tgl., 3 Std., 37–44 R$), Ausstieg schon in **Conceição de Jacareí** (den Fahrer informieren), dann 5 Min. zu Fuß zum Hafen, wo Fähren zur Insel ablegen (9, 11.30, 15, 18.15, Fr noch um 21 Uhr, 15–20 R$, 45 Min.). Zurück um 7.30, 10, 13 und 17 Uhr.

Für die Rückfahrt (hin geht nicht) empfiehlt sich **Speed Connection:** Schoner bis Conceição de Jacareí, dann Kleinbus direkt bis zum Hotel, Rodoviária oder Flughafen (75 R$, Tickets in Reisebüros).

Nach Paraty: Ab Angra dos Reis fährt Bus Colitur (Tel. 024 33 71 12 38, 28 x tgl. bis 22.30 Uhr, 2 Std., 9 R$).

Übernachtung und Essen

In der Hochsaison und an Wochenenden sollte man unbedingt reservieren.

Tropischer Hanggarten – **Pousada Tagomago:** Praia do Canto, Vila do Abraão, Tel. 024 33 61 51 98, www.ilha grandetagomago.com, 250 R$, WLAN gratis. Schöne Unterkunft 100 m vom Strand. Die modernen Zimmer (AC) bieten Veranda mit Hängematte und herrlichen Buchtblick.

Rustikal – **Lua & Mar:** Praia do Canto, Vila do Abraão, Tel. 024 33 61 51 13, Do–Di 10–23 Uhr, Hauptgerichte 35–95 R$/2 Pers. Familienrestaurant am Strand, man speist bei Wellenrauschen und Kerzenlicht unter einem Mandelbaum. Die Spezialität *Peixe com Banana* kommt in einem dampfenden Tontopf auf den Tisch.

Abseits des Trubels – **Dom Mário:** Village Buganville, Vila do Abraão, Tel. 024 33 61 53 49, Mo–Sa 17–22 Uhr, Hauptgerichte 32–85 R$. Eins der besten Restaurants der Insel, schmackhaft sind die Fleischmedaillons mit grüner Pfeffersoße und Rösti.

Paraty ▶ Karte 2

Das malerisch am Meer gelegene Kolonialstädtchen wurde 1966 unter Denkmalschutz gestellt und ist einer der wenigen gut erhaltenen Schauplätze historischer Architektur in Brasilien. In den verkehrsberuhigten Straßen locken neben Folklore- und Andenkenläden viele Bars und Restaurants. Die 39 000 Einwohner leben fast ausschließlich vom Tourismus, es gibt viele schöne Pousadas, Ökotouren durch den nahen Atlantischen Regenwald und ein reiches Angebot an Bootsfahrten zu einigen der 65 vorgelagerten Trauminseln. Man braucht nur gegen 10 Uhr zum Anleger zu gehen und in eines der vielen Boote einzusteigen (5 Std., ca. 40–60 R$). Auch die zahlreichen lokalen Feste ziehen viele Gäste an. Dann wird es in Paraty, ebenso wie an Wochenenden, sehr voll.

Geschichte

1646 gegründet, erwies sich bald die günstige Lage des Hafens als Vorteil. Im 18. Jh. wurden Gold und Edelsteine über den *Caminho de Ouro* (Goldweg) aus Minas Gerais über Paraty nach Portugal verschifft, im 19. Jh. begann die Ära des **Kaffees** aus dem nahen Vale do Paraíba und des **Zuckerrohrs** bzw. des aus ihm destillierten **Cachaça.** Mit dem Verlust der strategischen Bedeutung des Hafens setzte in Paraty um die Wende vom 19. zum 20. Jh. der wirtschaftliche Niedergang ein, bis der Tourismus zu Hilfe kam. 1966 wurde der Ort sogar zum historischen Nationalerbe erhoben. Gewachsene wirtschaftli-

Im denkmalgeschützten Paraty fühlt man sich in die Kolonialzeit zurückversetzt

che Aktivitäten gibt es heute keine mehr, was Paraty einen recht musealen Charakter verleiht.

Sehenswertes

Ein Rundgang durch die Gassen bietet auf Schritt und Tritt interessante architektonische Details. Als schönster Platz gilt die **Praça da Matriz** mit der neoklassizistischen **Igreja Matriz de N. S. dos Remédios,** die in der dritten Neukonstruktion von 1873 für das weiße Bürgertum errichtet wurde (heute mit Pinakothek). Die 1722 von ›freien‹ Sklaven errichtete Jesuitenkirche **Igreja de Santa Rita** mit Barock- und Rokoko-Stilelementen im Inneren ist die älteste und prunkvollste des Ortes, daneben befindet sich das Museu de Arte Sacra.

Ebenfalls sehenswert sind die für die damalige Aristokratie bestimmte **Igreja de N. S. das Dores** von 1800 und die kleine **Igreja de N. S. do Rosário** von 1725 für die den afrobrasilianischen Mischkulten zugewandten Sklaven, die auch an ihrem Bau beteiligt waren.

Eine weitere Attraktion ist die **Casa da Cultura** (Rua Dona Geralda, Mi–Mo 10–18.30 Uhr, 8 R$) in einem Kolonialbau aus dem 18. Jh. Hier werden im unteren Stockwerk kleinere Kunstausstellungen gezeigt, oben befinden sich Fotos und Tonaufnahmen von Interviews mit Einwohnern Paratys sowie historische Exponate.

Ausflugsziele

Die Festlandstrände in der Bucht von Paraty sind durch gerodete Mangroven geprägt und entsprechend schlammig, in der nahen Umgebung gibt es jedoch sehr reizvolle Strandorte. Einen Tagestrip lohnt das 25 km südlich gelegene **Vila de Trindade** (Busse stdl. bis 22 Uhr). Die wunderschönen **Strände** (Praia do Cepilho, Praia de Fora, Praia dos Ranchos, Praia do Meio) sind vom Ortskern aus in 30 Minuten zu Fuß erreichbar. Von den beiden letztgenannten Stränden verkehren Boote (5 R$) zu dem von Felsen geschützten, herrlichen Naturbecken **Piscina Natural do Cachadaço.**

Ein weiterer Ausflug führt per Jeep in die von Atlantischem Regenwald überzogenen **Berge** nahe Paraty. Neben Urwald und Wasserfällen besucht man historische *fazendas* sowie noch betriebene Cachaça-Destillerien, in denen der Herstellungsprozess erläutert wird (z. B. im Sítio Pedra Branca, www.cachacapedrabranca.com). Unterwegs sollten Sie auf der Estrada Paraty-Cunha beim idyllisch gelegenen Restaurant **Villa Verde** (Tel. 024 33 71 78 08, www.villaverdeparaty.com.br, tgl. 11–17 Uhr, Hauptgerichte 30–60 R$) Halt machen.

Festivals

Zu den wichtigsten Events zählen das **Bourbon Festival** (Fronleichnam, Jazz und brasilianische Rhythmen, www.bourbonfestivalparaty.com.br), die **Festa do Divino Espírito Santo** (Mai, religiöses Fest portugiesischen Ursprungs), die **FLIP/**Festa Literária Internacional de Paraty (Juli, Lesungen und Diskussionen bedeutender Autoren, www.flip.org.br) und das **Festival da Pinga** (Aug., traditionelles Volksfest rund um den Zuckerrohrschnaps).

Infos und Touren

Touristeninformation: Av. Roberto da Silveira 1, Tel. 024 33 71 18 97, tgl. 9–21 Uhr.

Internet: www.paraty.com.br

Paraty Adventure: Av. Roberto Silveira 80, Tel. 024 33 71 61 35, www.paratyadventure.com. Neben Bootsausflügen auch Öko- und Abenteuertouren (Kajak, Reiten, Tauchen, Fischen); englischsprachige Guides.

Die Deutsch-Brasilianerin **Sylvia Junghähnel,** Tel. 024 998 41 91 40, sylviaparaty@yahoo.com.br, gibt auf Stadtrundgängen (1,5 Std., 100 R$ pro Gruppe) eine Einführung in die Geschichte der Region. Auf Anfrage auch Tourenbegleitung.

Verkehr

Direkttransfer von/nach Rio: Am einfachsten von Hotel zu Hotel mit den Kleinbussen von **Paraty Tours** (Tel. 024 33 71 13 27, www.paratytours.com.br, 150 R$ p. P., 4–5 Std.), über Angra dos Reis (dort Fähre zur Ilha Grande).

Öffentlicher Verkehr: Taxi zum Busbahnhof in Paraty 15 R$, von dort fährt **Costa Verde** nach Rio (Tel. 024 33 71 11 77, 13 x tgl., 4–5 Std., 59 R$). Nach Angra dos Reis mit **Colitur** (Tel. 024 33 71 12 28, 25 x tgl., 2 Std., 9 R$).

Übernachtung und Essen

Wunderschön kolonial – **Pousada do Ouro:** Rua Dr. Pereira 145, Centro, Tel. 024 33 71 20 33, www.pousadaouro.com.br, 373–471 R$ (plus 10 %), WLAN gratis. Die von Deutschen geführte Pousada zählt zu den schönsten des Ortes. In einem Kolonialhaus aus dem 18. Jh. befinden sich 25 komfortable Zimmer und ein Innenhof mit tropischem Garten und wunderschönem Pool, alles in sehr romantischer Atmosphäre. Wochentags und in der Nebensaison Rabatte.

Stimmungsvoll – **Margarida Café:** Praça do Chafariz, Centro, Tel. 024 33 71 24 41, tgl. 12–24 Uhr, Hauptgerichte 40–65 R$. Belebtes Restaurant, oft mit Livemusik (Couvert 5–7 R$) und ausgelassener Stimmung, hervorragend ist *Peixe São Gonçalo* (53 R$): ein gerolltes und frittiertes Fischfilet mit Krabbenpastete und Ravioli mit Kürbisfüllung.

Feurig – **Casa do Fogo:** Rua Com. José Luiz 390, Centro, Tel. 024 33 71 31 63, www.casadofogo.com.br, Do–Di 18–24 Uhr, Hauptgerichte 25–69 R$. Sämtliche Gerichte werden in hausgebranntem Cachaça flambiert. Das intime Ambiente wird abends untermalt von entspannter Livemusik (Couvert 7 R$).

Zu Gast in Rio de Janeiro

Rio ist bekannt für die Gastfreundlichkeit seiner Bewohner. Hinzu kommt eine exzellente touristische Infrastruktur, die für jeden Geschmack und Geldbeutel etwas bereithält. Bei Tag wie bei Nacht kann man hier das Leben in vollen Zügen genießen – und dazu gehört auf jeden Fall ein Törtchen im Spiegelsaal des Belle-Époque-Cafés Colombo.

Übernachten

Rio ist in! Zur Hauptreisezeit (zwischen Weihnachten und Karneval sowie im Juli/Aug.) ist eine **Reservierung** dringend angeraten. Die große Nachfrage schlägt sich auf die **Preise** nieder, ein gutes Hotel in Strandlage (Ipanema, Leblon, Copacabana) ist für unter 400 R$ praktisch nicht mehr zu finden. Preisgünstiger und ebenfalls attraktiv ist das Bohème-Viertel Santa Teresa. Wegen der sportlichen Großereignisse und des allgemeinen Tourismus-Booms in Rio steigen die Übernachtungskosten zurzeit rasant an, mit weiteren Preissprüngen muss gerechnet werden.

Hotels

In Rio gibt es kaum *pousadas* (Privatpensionen), daher wohnt man meist in Hotels. Die Zimmer unterscheiden sich oft nur in puncto Aussicht: direkter Meerblick *(vista frontal)*, seitlicher Meerblick *(vista lateral)*, Blick zur Straße (*vista rua*, oft Verkehrslärm) und *sem vista* (Blick in den Hof oder auf eine Häuserwand). Fast immer ist im Preis ein üppiges Frühstücksbuffet enthalten.

Buchung über Hotel oder Internet/Agenturen

Die im Band angegebenen Doppelzimmerpreise wurden von den Hotels als günstigster Tarif bei **Direktbuchung** genannt. Oft wird eine Anzahlung *(depósito)* von 50 % des Gesamtbetrags verlangt, die über Angabe der Kreditkartennummer bei der Reservierung abgebucht wird. Nachfrage nach Ermäßigungen lohnen im April–Juni und Sept.–Nov.

Sowohl über die Hotel-Websites als auch über Online-Anbieter finden sich oft Sonderangebote (z. B. bei www.booking.com, www.hrs.de, www.opodo.de, www.hotel.de). Auch auf Brasilien **spezialisierte Reiseveranstalter** wie Gateway Brazil (www.gateway-brazil.de) bieten oft günstige Konditionen.

Nebenkosten

Zusätzlich zum angegebenen Zimmerpreis kommen bei Hotels oft noch **Gebühren und Steuern** (5–15 %), manchmal auch eine Tourismuspauschale (2–9 R$/Tag) hinzu – fragen Sie stets nach dem Endpreis. In einigen Hotels wird für die **WLAN**-Netz-Nutzung ein saftiger Tagessatz (bis zu 40 R$) fällig, bei vielen ist dies gratis.

Privatzimmervermittlung

Die Agentur **Cama e Café** (■ **Karte 4, E 4,** Rua Paschoal Carlos Magno 90, Santa Teresa, Tel. 021 22 25 43 66, www.camaecafe.com.br, Mo–Fr 9–18, Sa 10–16 Uhr, englischsprachig) bringt Riobesucher bei Anwohnern im Künstlerviertel Santa Teresa sowie – seit 2012 – auch in den Atlantikvierteln unter (DZ 130–350 R$). Buchung über die Website. Ferienwohnungen vermittelt die deutschsprachige Agentur **Agência Heidelberg** (■ **F 9,** Av. Prado Júnior 48, Copacabana, Tel. 021 22 95 49 99, www.agencia-heidelberg.com.br).

Gut und günstig

Zu Gast bei Cariocas – **Carmen e Fernando: ■ Karte 4, F 4,** Rua Hermenegildo de Barros 172, Santa Teresa, Tel. 021 25 07 30 84, www.bedandbreakfastrio.com.br, 240–280 R$ (Endpreis), WLAN gratis. Schönes Privathaus mit Terrasse und kleinem Pool, von wo aus sich ein herrlicher Blick auf das Zentrum und die Guanabara-Bucht eröffnet. Fünf einfache Zimmer, die Eigentümer sind waschechte Cariocas.

Pfiffig – **Oztel: ■ Karte 1, D 8,** Rua Pinheiro Guimarães 91, Humaitá, Tel. 021 30 42 18 53, www.oztel.com.br, Metro: Botafogo, DZ 230–310 R$, Bett im Gemeinschaftsraum 50–63 R$ (Endpreise), WLAN gratis. Das modern designte Hostel des reisebegeisterten Besitzers Fernando Blower in Botafogo bietet neben klassischen Herbergszimmern auch gute Doppelzimmer (alle mit neuer AC), die beiden besten teilen sich eine Naturveranda mit Blick auf den Cristo. Außerdem Bar, TV-Raum, gratis PC-Nutzung, Wäscherei und Küche mit Kochgelegenheit, in der brasilianische Rezepte und ein Wörterbuch für portugiesisches Kochvokabular aushängen.

Gute Lage – **Atlantis Copacabana Hotel: ■ Karte 3, D 11,** Rua Bulhões de Carvalho 61, Arpoador, Tel. 021 25 21 11 42, www.atlantishotel.com.br, Metro: General Osório, 320–380 R$ (Endpreis), WLAN gratis. Die Dekoration der Zimmer gewinnt keinen Designerpreis, dafür ist das Hotel relativ günstig. Vor allem überzeugt die perfekte Lage in einer ruhigen Seitenstraße zwischen Copacabana und Ipanema – zu beiden Stränden sind es nur 5 Min. zu Fuß.

Zentral im Nobelviertel – **Hotel Vermont: ■ Karte 3, C 10,** Av. Visconde de Pirajá 254, Ipanema, Tel. 021 32 02 55 00, www.hotelvermont.com.br, Metro: General Osório, 430–460 R$ (Endpreis, Angebote über Website), WLAN gratis. Eines der wenigen gerade noch erschwinglichen Hotels in Ipanema, zwei Blocks vom Strand, mitten in der Einkaufsstraße. Gepflegte Superior-Zimmer mit guten Queen-Size-Betten. Wegen des vorbeifließenden Verkehrs empfiehlt sich ein Zimmer zum Hof bzw. in den oberen Etagen.

Villa mit Park – **Castelinho 38: ■ Karte 4, E 4,** Rua do Triunfo 38, Santa Teresa, Tel. 021 22 52 25 49, www.castelinho38.com.br, 200–400 R$ (Endpreis), WLAN gratis. Gepflegte Pousada eines Italieners in herrlicher zweistöckiger Villa von 1866 nahe dem Zentrum von Santa Teresa. Oben befindet sich eine große *hall* mit Kunstgalerie. Die zwölf künstlerisch gestalteten Zimmer sind sehr unterschiedlich. Frühstück auf schöner Außenterrasse.

Im Ausgehviertel – **Windsor Martinique: ■ Karte 3, D 10,** Rua Sá Ferreira 30, Copacabana, Tel. 021 21 95 52 00, www.windsorhoteis.com.br, Metro: General Osório, ab 427 R$ (plus 15 %), WLAN gratis. Ein Trumpf des freundlichen 3-Sterne-Hotels ist die Lage: wenige Meter vom Strand nahe dem besten Ausgehviertel von Copacabana, und nur wenige Gehminuten bis Ipanema. Die günstigeren Standardzimmer sind kleiner, aber aufgrund des Fensters zum Hof hinaus auch leiser.

Gut angebunden – **Mirasol Copacabana Hotel: ■ E 9,** Rua Rodolfo Dantas 86, Copacabana, Tel. 021 21 23 92 92, www.mirasolhotel.com.br, Metro: Cardeal Arcoverde, 490–540 R$ (Endpreis), WLAN gratis. Gemütliche Lobby mit hübscher Bar. Die Standard- und

›Luxo‹-Zimmer unterscheiden sich kaum. Sehr nett ist die über mehrere Ebenen verlaufende Poolterrasse mit Fitnessraum und Sauna. Verkehrsgünstige Lage nahe Metrostation und Buslinien.

Stilvoll wohnen

Top-Alternative – **Novotel Santos Dumont: ■ Karte 4, G 3,** Av. Marechal Câmara 300, Centro, Tel. 021 35 06 85 00, www.novotel.com, Metro: Cinelândia, Mo–Do ab 572 R$, Fr–So ab 345 R$ (plus 5 %, Angebote auf Website), WLAN gratis. Angesichts hoher Preise an den Stränden werden die Hotels im Zentrum immer mehr zur attraktiven Option. Das Novotel steht für saubere, moderne Zimmer sowie helle und freundliche Einrichtung. Neben der fußläufigen Nähe zum Zentrum, zum Flughafen Santos Dumont und zum Kreuzfahrtterminal ist man mit der Metro auch schnell in Copacabana und Ipanema. Am Wochenende übernachten zwei Kinder gratis im Zimmer der Eltern. Das Haus ist behindertengerecht ausgebaut und man legt Wert auf Recycling, Energie- und Wassersparen.

Stilvoll und individuell – **Ipanema Plaza Hotel: ■ Karte 3, C 11,** Rua Farme de Amoedo 34, Tel. 021 36 87 20 00, www.ipanemaplaza.com.br, 510–590 R$, Jan.–März 590–690 R$ (plus 5 %), WLAN gratis. Das freundliche und persönlich gestylte Designhotel von Golden Tulip im Herzen Ipanemas bietet 140 komfortable Zimmer (sehr geräumig sind die Kategorien ›Luxo‹ sowie die 37 m² großen Juniorsuiten) sowie eine attraktive Dachterrasse mit Pool, Bar und herrlichem Meerblick. Beliebt beim Gay-Publikum, doch Familien fühlen sich hier genauso wohl. Es gibt bis 10.30 Uhr und am Wochenende bis 11 Uhr Frühstück.

Publikumsfavorit – **Porto Bay Rio Internacional: ■ F 9,** Av. Atlântica 1500, Copacabana, Tel. 021 25 46 80 00, www.portobay.com, Metro: Cardeal Arcoverde, 585–785 R$ (plus 15 %), WLAN gratis. Modernes Hotel an der Strandstraße mit 117 komfortablen, geschmackvoll eingerichteten Zimmern (Typ ›Luxo‹ mit *vista frontal* oder ›Superior‹ mit *vista lateral,* z. T. Balkon). Im 20. Stock wunderbarer Pool mit Marmordeck und Traumaussicht. Auch im Frühstücksraum im 5. Stock herrlicher Panoramablick.

Im Herzen der Copa – **Pestana Rio Atlântica: ■ Karte 3, E 10,** Av. Atlântica 2964, Copacabana, Tel. 021 25 48 63 32, www.pestana.com, Metro: Cantagalo, 650–900 R$ (plus 15 %), WLAN gratis. Sehr gutes und komplett modernisiertes Hotel in bester Lage am Strand und nur wenige Schritte von den Trendbars des Baixo Copa entfernt. Die 247 Zimmer in acht Kategorien bieten teilweise frontalen Meerblick, die Zimmer ›Luxo Premium‹ haben seitlichen Blick aufs Meer und auf Zuckerhut oder Cristo. Die Deck Lounge Bar (s. S. 106) auf der Dachterrasse ist der neue ›Spot‹ von Rio, Hotelgäste haben bei den Partys am Wochenende freien Eintritt. Das Hotel operiert sehr umweltbewusst, z. B. durch die Verwendung von Grauwasser (50 %) und Strom aus Windenergie.

Gediegener Luxus – **Windsor Atlântica: ■ F 9,** Av. Atlântica 1020, Copacabana, Tel. 021 21 95 78 00, www.windsorhoteis.com.br, Metro: Cardeal Arcoverde, ab 777 R$ (plus 15 %), WLAN gratis (schnelle Verbindung 35 R$/Tag), oft Wochenendrabatte. Das komplett umgebaute, kolossale 5-Sterne-Nobelhotel besitzt 545 Zimmer und ist mit 39 Stockwerken ein Gigant in Rio. Von den sechs Zimmerkategorien bieten schon die ›einfacheren‹ Superior- und Luxo-Zimmer ausgezeichnete Qualität, meist mit Meerblick. Spa mit Jacuzzi und Entspannungsbereich (15 R$/Tag), Pool auf dem Dach und im 4. OG.

Junges Design – **Marina All Suites:** ■ **Karte 3, A 11,** Av. Delfim Moreira 696, Leblon, Tel. 021 21 72 11 00, www.marinaallsuites.com.br, 769–1068 R$, Hauptsaison 1025–1425 R$, WLAN 40 R$/Tag. Die Zimmer dieses Boutique-Hotels sind recht unterschiedlich. Die besten Suiten glänzen durch geschmackvolles Design und haben Wohnzimmer, Küchenzeile, iPod-Station, frontalen oder seitlichen Meerblick. Die zum Haus gehörende Bar do Lado und das Restaurant Bar d'Hotel im 2. OG sind angesagte Ausgehadressen.

Berühmtes Boutique-Hotel – **Hotel Santa Teresa:** ■ **Karte 4, E 4,** Av. Almirante Alexandrino 660, Tel. 021 33 80 02 00, www.santateresahotel.com, ab 1025 R$ (plus 15 % und 7 R$/Tag, Frühstück 70 R$ p. P.), WLAN gratis. Traumprojekt (2008) eines französischen Millionärs mit Kunstdekor, tropischem Design, 41 unterschiedlich dekorierten Zimmern und Suiten. Pool und Nobelrestaurant Térèze (s. S. 57) im Garten. Das ökologisch orientierte Hotel (kein Holz aus Raubbau, Naturfasern und -steine, Kalk statt synthetischer Farben) liegt an der Straßenbahnlinie, nur 200 m entfernt von Bars, Restaurants und Kunstläden.

Hier atmet man Geschichte – **Copacabana Palace:** ■ **E 9,** Av. Atlântica 1702, Tel. 021 25 48 70 70, www.copacabanapalace.com.br, Metro: Cardeal Arcoverde, ab 1490 R$ (plus 15 % und 9 R$/Tag), WLAN gratis. Dieser 1923 gebaute und 1986 unter Denkmalschutz gestellte Palast mit 241 Zimmern, 13 Sälen und einem großen Pool im Hof hat den weltweiten Copacabana-Mythos begründet, Jahrzehntelang strömte halb Hollywood hierher. Die Standardzimmer wurden renoviert, bieten aber nicht unbedingt den Luxus und die Grandezza, die man erwartet. Frühstück je nach Tarif nicht immer inbegriffen.

Grandioser Blick vom Pool des Pestana Rio Atlântica

Essen und Trinken

Brasilianische Küche

Brasiliens Nationalgericht ist die **Feijoada,** ein Eintopf aus diversen Fleisch- und Wurstsorten, Speck, schwarzen Bohnen, grünem Kohl, Maniokmehl und einer Orange. Ursprünglich ein Reste-Essen der Sklaven, wurde sie später verfeinert und bereichert. Der brasilianische Süden und Südosten sind ganz besonders dem Fleisch zugeneigt, der Besuch in einer typischen **Churrascaria** (Grillokal) darf bei keinem Rio-Urlaub fehlen. Beim **Rodízio** bedient man sich für einen Fixpreis (Getränke und Dessert extra) am reichhaltigen Buffet und lässt sich von langen Spießen zarte und magere Fleischsorten auf den Teller schneiden (Tipp: Die besten Stücke sind *picanha*/Hüfte und *filé mignon*). Daneben gibt es Churrascarias, in denen klassisch à la carte bestellt werden kann. Unbedingt sollte man ein weiteres Nationalgericht probieren: die aus dem Nordosten Brasiliens stammende **Moqueca** (ein leckeres Fisch- oder Krabbenragout).

Restauranttypen

Rio bietet viele exzellente Lokale der ausländischen Küche, die zu den besten des Landes zählen und qualitativ wie preislich mit europäischen Spitzenrestaurants mithalten können.

Am häufigsten sind die einfachen **populären Lokale,** in denen man in lockerer Atmosphäre schon ab 20 R$ speist. Das Angebot ist fast überall gleich (Fleisch, Huhn, Fisch, Nudeln, kaum Salate und Gemüse). Die Gerichte sind eher quantitäts- als qualitätsorientiert, eins reicht fast immer für zwei Personen, man bestellt einfach *um para dois.*

Zu empfehlen sind die beliebten **Self-Service-Lokale,** in denen man sich am Buffet bedient und die gewählten Speisen nach Gewicht *(à kilo)* abgerechnet werden. Für den kleinen Hunger stehen noch zahlreiche **Lanchonetes** zur Verfügung, Stehimbisse mit leckeren gefüllten Teigtaschen wie *empadas, coxinhas, pão de queijo* oder Anleihen aus der arabischen Küche *(kibe).*

Restaurantmeilen

Besonders entlang der **Rua Garcia d'Ávila** in Ipanema und der **Rua Dias Ferreira** in Leblon haben sich regelrechte Gourmetmeilen entwickelt (s. S. 36 und 39). Im wichtigsten Touristenviertel Copacabana stoßen Sie auf sehr gute Lokale, aber auch auf ›Touristenfallen‹ (vor allem an der Uferpromenade).

Getränke

In zahllosen Bars werden bis zu 100 verschiedene frisch gepresste **Fruchtsäfte** *(sucos)* angeboten, probieren Sie vor allem die Amazonasfrüchte, z. B. Acerola, Cupuaçu oder Açaí.

Nationalgetränk Nr. 1 ist jedoch **Bier,** stets eiskalt serviert, sehr süffig und erfrischend. Die besten Marken sind Bohémia, Devassa, Skol, Antârtica und Brahma, allesamt in Brasilien produziert, auch wenn manche Ursprünge aus deutschen Landen stammen. Das andere typische Nationalgetränk, die **Caipirinha** aus Zuckerrohrschnaps *(cachaça),* Limonenstücken, Zucker und Eis, trinken allerdings häufiger die Touristen – ja, man erkennt sie fast daran. Trauen Sie sich auch einmal an die anderen, ebenso wohlschmeckenden Cocktails heran, wie z. B. Cajuroska (mit Wodka und Cashewfrucht).

Öffnungszeiten

Viele Restaurants öffnen ab 11.30 oder 12 Uhr und servieren durchgehend bis etwa Mitternacht. Einige Self-Service-Lokale bieten nur Mittagsbuffet an. Andere wiederum schließen nach dem Mittagessen gegen ca. 16 Uhr und öffnen ab 18 Uhr fürs Abendessen. Allgemein dürfte es in Rio zu kaum einer Tageszeit Schwierigkeiten geben, etwas in der Nähe zu finden.

Preise und Trinkgeld

Für ein Hauptgericht in einem Restaurant der gehobenen Kategorie muss man mit etwa 30–90 R$ rechnen. In einfacheren Lokalen wird man für 20–30 R$ satt (oft sogar für zwei). Viele bessere Restaurants offerieren günstige Mittagsgerichte *(prato feito/executivo)* oder Menüs. Das Trinkgeld ist mit 10 % meist im Preis enthalten, mehr zu geben, ist nicht notwendig.

Supermärkte

In Rio gibt es viele Supermärkte, oft nur wenige Schritte vom Hotel entfernt (an der Rezeption nach dem *supermercado mais próximo* fragen). Am besten ist die Kette **Zona Sul** ■ mit Qualitätswaren, vorbildlicher Hygiene und fast durchgängigen Öffnungszeiten: u. a. Rua Francisco Sá, Copacabana; Rua Visconde de Pirajá 504–508, Ipanema; Rua Gustavo Sampaio 679, Leme.

Buffet-Restaurants

Qualität – **Frontera:** ■ **Karte 3, D 10,** Rua Visconde de Pirajá 128, Ipanema, Tel. 021 32 89 23 50, www.frontera.com.br, Mo–Sa 11.30–24, So 11.30–23 Uhr, 59 R$/kg (ab 18 Uhr und am Wochenende 64 R$/kg). Im hinteren Teil des schönen Restaurants befindet sich ein vortreffliches Buffet mit Grillfleisch und Sushi. Wochentags mittags auch All-you-can-eat-Angebot (60 R$ p. P.).

Auch für Vegetarier – **Siqueira Grill:** ■ **E 9,** Rua Siqueira Campos 16 B, Copacabana, Tel. 021 22 55 34 46, www.siqueiragrill.com.br, tgl. 11–24 Uhr, 60 R$/kg. Gepflegtes und modernes Self-Service-Lokal mit Fleisch, Sushi und einem großen, variantenreichen Salatbuffet.

Cafés

Straßencafé – **Cafeína:** ■ **Karte 3, C 10/11,** Rua Farme de Amoedo 43, Ipanema, Tel. 021 25 21 21 94, www.cafeina.com.br, tgl. 8–23.30 Uhr. Eines der nettesten Straßencafés von Rio, offene Außenterrasse und exzellente Torten (8,90 R$). Tolles Frühstücksangebot, später stehen Sandwiches, Salate, Suppen und Nudeln auf dem Programm.

Sehenswürdigkeit – **Confeitaria Colombo:** ■ **Karte 4, F 3,** s. S. 34, 63.

Künstler-Hangout – **D.R.I. Café:** ■ **B/C 8,** Parque Lage, Jardim Botânico, Tel. 021 22 26 81 25, www.driculinaria.com.br, Mo–Do 9–23, Fr–So 9–16.30 Uhr. Das wunderbare Café (auch als Café du Lage bekannt) liegt im Innenhof des schönen Hauptgebäudes des Lage-Parks, in dem auch die Escola de Artes Visuais residiert. Hier treffen sich die

Kunststudenten zum Plaudern oder auch zum zweiten Frühstück (9–13 Uhr, 27–34 R$), später am Tag bieten sich die leckeren Quiches (16–24 R$) oder *Escondidinhos* (26–32 R$) an.

Mexikanisches Café-Restaurant – **Sí Señor: ■ Karte 3, C 11,** Rua Farme de Amoedo 39, Ipanema, Tel. 021 25 23 30 18, www.sisenor.com.br, So–Do 11.30–24, Fr, Sa 11.30–2 Uhr. Gemütliches Straßenlokal, das sich gut zum People Watching eignet und bei Gays beliebt ist. Neben Fajitas (64–86 R$/ 2 Pers.) und Burritos (32–36 R$) gibt es auch typische Cocktails, z. B. Mojito (19 R$). Aus den Boxen kommen 70er-/ 80er-Rock und mexikanischer Sound. Mo–Fr 17–20 Uhr Happy Hour ›Doble Drink‹, z. B. Chopp (6,90 R$).

Churrascarias (Rodízio)

Wie bei Freunden – **Churrascaria Palace: ■ F 9,** Rua Rodolfo Dantas 16, Copacabana, Tel. 021 25 41 58 98, www.churrascariapalace.com.br, tgl. 12–24 Uhr, 98 R$ p. P. Die traditionsreichste Churrascaria von Rio (seit 1951) wurde vom Großvater des heutigen Besitzers Antonio Saraiva gegründet. Die Geschichte des Lokals, das die gesamte Epoche des Bossa Nova begleitet hat, spiegelt sich in der Dekoration des Hauses wider, besonders die auf Monitoren eingespielten historischen Fotos vermitteln ein Gefühl für die ›Goldenen Jahre‹ Rios in den 1950ern und 1960ern. Sehr persönliches Ambiente, die netten Kellner sind immer für einen lockeren Spruch zu haben. Das exzellente Rodízio umfasst 30 Fleischspieße, dazu Fisch und Meeresfrüchte sowie ein üppiges Salat- und Sushi-Buffet. Sehr gute Nachspeisen. Bei Anmeldung über die Website gibt's 10 % Rabatt.

Stars und Sternchen – **Porcão: ■ Karte 3, C 10,** Rua Barão da Torre 218, Ipanema, Tel. 021 35 21 28 80, www.porcao.com.br, Mo–Sa 12–24, So 12–22 Uhr, 105 R$ p. P. Eine von Rios besten Churrascarias, das obligatorische

Churrascaria Palace: Im traditionellsten Steakhaus Rios ließen sich schon die Ikonen der Bossa Nova das Grillfleisch schmecken

Salat- und Delikatessen-Buffet ist ebenfalls spitze. Die geschmackvolle Einrichtung und einladende Atmosphäre locken seit jeher die Promis an, eine Fotowand zeigt alle, die schon da waren. Nicht billig, aber das Geld wert.

Touri-Fleischpalast – **Porcão Rio's:** ■ **F 6,** Av. Infante Dom Henrique, Aterro do Flamengo, Tel. 021 35 21 29 00, www.porcao.com.br, Mo–Sa 12–24, So 12–23 Uhr, 112 R$ p. P. Rios Aushängeschild in Sachen *churrasco:* Touristen und Geschäftsleute aus aller Welt kommen in Scharen. Zu Recht, denn neben einem makellosen Churrasco-Erlebnis gibt es gratis einen traumhaften Panoramablick auf Bucht und Zuckerhut (kommen Sie früh für einen Fensterplatz). Fleisch, Beilagen und Buffet sind exzellent; wer Nachschub möchte, dreht das Kärtchen mit der grünen Seite nach oben (»Sim, por favor«), andernfalls die rote Seite (»Não, obrigado«).

Gourmetlokale

Steak, Fisch und Wein – **Giuseppe Grill:** ■ **Karte 3, A 10,** Av. Bartolomeu Mitre 370, Leblon, Tel. 021 22 49 30 55, www.bestfork.com.br, Mo–Do 12–16, 19–24, Fr, Sa 12–1, So 12–23 Uhr, Hauptgerichte 54–94 R$ (inkl. einer Beilage). Das Lokal wurde schon mehrmals als bestes Fleischrestaurant Rios ausgezeichnet. Fleisch und Fisch werden mit einer speziellen Grilltechnik zubereitet. Der frische Fang (Preis nach Gewicht) wird täglich von eigenen Harpunentauchern angeliefert. Weitere Beilagen nach Wahl (je ca. 20 R$, sehr gut ist *Arroz de Limão Siciliano),* dazu einen der 600 Weine. Desserttipp: *Petit Gâteau* (26 R$).

Edel-Italiener – **La Fiducia:** ■ **F 9,** Rua Duvivier 21, Copacabana, Tel. 021 22 95 74 74, www.lafiducia.com.br, So–Do 12–24, Fr, Sa 12–1 Uhr, Metro: Cardeal Arcoverde, Hauptgerichte 39–85 R$. In freundlicher Deko aus Ziegelsteinen und Holz werden Pasta, Fleisch, Fisch und Meeresfrüchte in Vollendung serviert. Köstlich ist die Vorspeise *Ceviche di Pesce:* in Zitrone marinierter roher Fisch mit Kräutern und hauchdünnen Brotstreifen (39 R$, reicht für 2 Pers.).

Prominententreff – **Laguiole:** ■ **Karte 4, F 4,** im 1. Stock des MAM, Av. Infante Dom Henrique 85, Aterro do Flamengo, Tel. 021 25 17 31 29, Mo–Fr 12–17 Uhr, Hauptgerichte 55–90 R$. Kulinarische Delikatessen und vornehmes Design locken Geschäftsleute, Politiker und Promis an. Großartig ist *Picadinho*: kleine Filet-Mignon-Würfel in Risotto mit frittierten Bananenstreifen und einer kleinen Überraschung.

Frischer Fang – **Satyricon:** ■ **Karte 3, C 10,** Rua Barão da Torre 192, Ipanema, Tel. 021 25 21 06 27, www.satyricon.com.br, So–Do 12–24, Fr, Sa 12–1 Uhr, 60–110 R$. Rios unbestrittene Top-Adresse für fangfrischen Fisch und Meeresfrüchte, sehr nobel, aber nicht überstylt, auch Sting und Madonna kehrten hier ein. Unter den auf Eis drapierten Fischen wählen Sie jenen aus, den Sie später verzehren möchten. Gut ist die gemischte *Grand Piatto di Mare* (144 R$). Abends reservieren.

Design-Food – **Zuka:** ■ **Karte 3, A 10,** Rua Dias Ferreira 233 B, Leblon, Tel. 021 32 05 71 54, www.zuka.com.br, Mo 19–1, Di, Mi 12–16, 19–1, Do, Fr 12–1, Sa, So 13–24 Uhr, Hauptgerichte 42–89 R$. Unscheinbares, aber kulinarisch spektakuläres Gourmetlokal. Die Preise sind voll gerechtfertigt. Testen Sie den Mittagsteller mit Auswahl aus vier Gerichten (49 R$, nur Di–Fr). Die *Cevi-*

che de Peixe Branco ao Biquinho (Fisch mit süßlicher Pfefferschote, 34 R$) ist eine köstliche Vorspeise, ebenso der halbrohe Thunfisch (*Atum Semi Cru,* 64 R$) zur Hauptspeise. An der Bar kann man den Köchen über die Schulter sehen.

Gut und günstig

Der Saftkönig – **BB Lanches: ■ Karte 3, A 10,** Rua Aristides Espínola 64 A, Leblon, Tel. 021 22 94 13 97, So, Di–Do 9–3, Fr, Sa 9–4 Uhr, Fruchtsäfte 6–8 R$, Snacks ab 7 R$. Rios bester Fast-Food-und ›Saftladen‹, alles wird frisch zubereitet. Man wählt seine Lieblingsfrucht aus und entscheidet, ob diese mit Wasser oder mit Milch, Orangensaft, Kokoswasser usw. gemischt werden soll (plus 1–2 R$). Dazu leckere, preiswerte Snacks.

Schnellbistro – **Bibi Sucos: ■ Karte 3, D 10,** Rua Miguel Lemos 31, Copacabana, Tel. 021 25 13 60 00, www.bibisucos.com.br, tgl. 7–2 Uhr, Säfte ab 5,70 R$, Açaí ab 6,50 R$, *Vitamina de Banana* 5,10 R$. Das beliebte Schnellbistro serviert frische Fruchtsäfte, -salate, Crêpes und Tagesgerichte (um 20 R$). Recht schick mit Rio-Panoramabildern an den Wänden und szenigen Wellenreiter-Videos.

Frozen Yogurt – **Yogoberry: ■ F 9,** Av. N. S. de Copacabana 198, Copacabana, Tel. 021 22 75 21 37, www.yogoberry.com.br, Mo–Sa 9–22, So 10–20 Uhr. Eisdielen haben es zurzeit schwer in Rio, denn die körperbewussten Cariocas stehen wegen des geringen Fettanteils auf Frozen Yogurt. Die größte Yogo-Kette (über 30 Filialen) serviert Naturjoghurt ab 8 R$ (120 g), jedes Topping, z. B. Fruchtsalat oder Müsli, kostet 1,50 R$.

Szene und Ambiente

Rios einziges Strandrestaurant – **Azul Marinho: ■ Karte 3, D 11,** Praia do Arpoador, Tel. 021 25 23 50 14, www.cozinhatipica.com.br, tgl. 7–24 Uhr. Die traumhafte Lage an der autofreien Strandpromenade, zwischen Palmen mit Blick auf den Ipanema-Strand, ist besonders abends kaum zu toppen. Spezialität sind die Moquecas. Bei Redaktionsschluss war von einem Besitzerwechsel die Rede. Wie auch immer es mit dem Lokal weitergeht, ein Besuch auf einen Drink lohnt schon wegen der einmaligen Aussicht.

Amazonas-Küche mit Aussicht – **Espírito Santa: ■ Karte 4, E 4,** Rua Almirante Alexandrino 264, Santa Teresa, Tel. 021 25 07 48 40, www.espiritosanta.com.br, Mi–Mo 12–24 (So bis 22 Uhr). Künstlerisch dekoriert und mit herrlicher Freiterrasse nach hinten. Chefin Natacha Fink serviert hervorragende Gerichte mit amazonischem Einschlag, z. B. die in Kokosmilch fermentierten und mit Jambukräutern gefüllten Tapioca-Kroketten (30 R$/6 Stück) oder das Tambaqui-Filet mit Tucupi und Jambu im Bananenbett (69 R$). Fr ab 20 und So ab 17 Uhr Musik vom DJ im Keller ›Espaço Gourmet‹ mit offener Küche und variierender Speisekarte (auch Probierportionen zu kleinen Preisen).

Romantisch und leicht – **Gula Gula: ■ Karte 3, B 10,** Av. Henrique Dumont 57, Ipanema, Tel. 021 22 59 30 84, www.gulagula.com.br, So–Do 12–24, Fr, Sa 12–1 Uhr, Hauptgerichte 30–53 R$, Salate 21–34 R$. Markenzeichen dieser Rio-Institution sind exzellente Salate, gute Fleisch- und Nudelgerichte sowie leckere Nachtische (z. B. warme Schoko-Mousse, 18 R$). Kerzen auf den Tischen und leise Musik sorgen für romantische

Die offene Terrasse des Espírito Santa lockt mit zauberhaftem Blick

Stimmung in der schönen, geräumigen Villa aus den 1940er-Jahren.

Mediterran – **Lampadosa:** ■ **Karte 4, F 2,** Rua do Rosário 36, Centro, Tel. 021 22 23 01 44, Mo–Mi 12–17, Do, Fr 12–22, Sa 12–17 Uhr, Hauptgerichte 23–40 R$. Sehr schönes Ambiente in der Altstadt von Rio, mit Tischen auf dem Gehweg. Serviert wird mediterrane Küche mit italienischem Einschlag, z. B. Farfalle mit flambiertem Gemüse (31 R$) oder leckere Pizza (23–35 R$). Besitzerin ist die bekannte Köchin Simone Almeida, die im 2. Stock des Hauses unterhaltsame 4-stündige Kochkurse der brasilianischen Küche für Touristen anbietet (s. S. 21).

Für Spanien-Fans – **Venga:** ■ **Karte 3, C 10,** Rua Garcia d'Ávila 147 B, Ipanema, Tel. 021 22 47 02 34, www.venga.com.br, So–Di 12–24, Mi–Sa 12–1 Uhr. Wie in Madrid oder Barcelona isst man in dieser gemütlichen Tapasbar die kleinen Häppchen (7–30 R$) gleich am Tresen. Das in Rio recht neue Konzept wurde begeistert aufgenommen, zur Happy Hour ab 17.30 Uhr brummt der Laden.

Gegrilltes mit Logenplatz – **Via Sete:** ■ **Karte 3, C 10,** Rua Garcia d'Ávila 125, Ipanema, Tel. 021 25 12 81 00, www.viasete.com.br, tgl. 12–24 Uhr. Die Terrasse ist ideal, um das Treiben auf Rios Luxusmeile zu beobachten. Zu guter Musik kommt Gegrilltes oder Salat auf den Tisch, oder gleich beides zusammen, der sog. *Combinado* (35–63 R$).

Candle-Light-Dinner – **Zazá Bistrô Tropical:** ■ **Karte 3, C 11,** Rua Joana Angélica 40, Ipanema, Tel. 021 22 47 91 01, www.zazabistro.com.br, Mo, Di 19.30–0.30, Mi, Do 12.30–0.30, Fr, Sa 13–1.30, So 13–0.30 Uhr, Hauptgerichte 42–69 R$. Charmantes Restaurant, in dem man bei Kerzenlicht auf Kissen am Boden sitzen kann. Die famosen Gerichte basieren auf der klassischen Thai-Küche, aber auch marokkanische und brasilianische Einflüsse (Pará, Bahia) schmeckt man. Sehr gut sind die pikan-

Eingebettet in den Parque Lage bietet das D.R.I. Café (S. 91) ein wunderschönes Ambiente

ten Suppen und das gegrillte Fischfilet mit karamellisierter Banane und Spargelstückchen (56 R$). Der ›leckerste Brownie der Welt‹ *(Brownie mais gostoso do mundo)* krönt den Abend (26 R$, reicht für 2 Pers.). Fürs Abendessen sollte man reservieren (Website).

Typisch Rio

Seit 1933 ein Begriff – **Albamar: ■ Karte 4, G 3,** Praça Marechal Âncora 184, Centro, Tel. 021 22 40 84 28, www.albamar.com.br, Metro: Carioca, Mo–Sa 12–23, So 12–17 Uhr, Hauptgerichte 46–89 R$. Das schöne Lokal befindet sich in einem 1908 erbauten und 2009 komplett renovierten Turm – dem einstigen Fischmarkt von Rio. Von oben bietet sich ein prächtiger Blick auf die Bucht. Spezialität sind Fisch und Meeresfrüchte, besonders gut in den verschiedenen Nudel- und Risotto-Versionen.

Folkloristisch – **Brasileirinho: ■ Karte 3, D 10,** Av. Atlântica 3564, Copacabana, Tel. 021 22 67 31 48, www.cozinhatipica.com.br, tgl. 12–24 Uhr. Eines der wenigen empfehlenswerten Lokale direkt an der Strandstraße. Als Vorspeise ist *Casquinha de Siri* (17 R$, Krebsfleisch) ein Muss, bei den Hauptgängen wählt man aus allerlei Landesspezialitäten aus, z. B. eine leicht zubereitete Moqueca (96 R$/2 Pers.) oder Feijoada (62 R$ p. P.). Wer die vielfältige Küche aus Minas Gerais kennenlernen möchte, bestellt *Degustação Mineira* (75 R$), ein Potpourri aus acht kleinen Portionen. Dazu gibt's von einigen Tischen einen schönen Blick auf Meer und Zuckerhut.

Nationalgericht – **Casa da Feijoada: ■ Karte 3, D 11,** Rua Prudente de Morais 10 B, Ipanema, Tel. 021 22 47 27 76, www.cozinhatipica.com.br, tgl. 12–24 Uhr, 78 R$ p. P. (inkl. Caipirinha, Likören und Nachtisch). Hier kommt die Feijoada täglich auf den Tisch und nicht nur samstags, wie sonst üblich. Das enge Lokal ist meist voll mit Touristen, doch ein Besuch lohnt (außer So). Es geht los mit *Caldo de Feijão,* eine Bohnensuppe, die aus dem Tongefäß zu schlürfen ist, dazu süßen Fruchtlikör und eine Caipirinha. Danach bestellt man möglichst den Topf mit dem *carne nobre* (›nobles Fleisch‹), sonst erhält man die weniger edle Version (Ohren, Zunge, Rüssel, Füße, Ringelschwänze). Beilagen sind Reis, *aipim frito,* gedünsteter Grünkohl *(farofa),* frittierter Bauchspeck *(torresmos)* und Bohnen *(feijão).* Zum Nachtisch gibt es landestypische Süßspeisen.

Der Sandwich-King – **Cervantes:** ■ **F 8,** Av. Prado Junior 335, Copacabana, Tel. 021 25 42 92 87, www.restaurantecervantes.com.br, Di–Do 12–4, Fr, Sa 12–6, So 12–2 Uhr, Gerichte ab 28 R$ (für 2 Pers.). Das kleine Lokal mit den weiß-befrackten Kellnern hat eine lange Tradition und wurde schon oft für seine riesigen Fleisch-Sandwiches (12–24 R$) prämiert, die stets mit einer dicken Scheibe Ananas belegt sind. Der zugehörige Stehimbiss um die Ecke ist bei Nachtschwärmern äußerst gefragt.

Vegetarisch

Hübsches Bio-Lokal – **Bio Carioca:** ■ **Karte 3, D 10,** Rua Xavier da Silveira 28 A, Copacabana, Tel. 021 22 36 41 25, www.biocarioca.com.br, tgl. 11.30–18, Mi–Sa 19–24 Uhr. In diesem sympathischen Familienbetrieb kommt nichts Frittiertes auf den Teller, dafür gibt es Spezialgerichte für Allergiker, Veganer & Co. (glutenfreie Kost, Speisen ohne Milch und Eier etc.). Am Tresen stellt man sich seinen Teller zusammen, außerdem tgl. wechselnde Spezialgerichte (21–31 R$). Leckere Nachspeisen, einige ohne Zucker.

Salatparadies – **Celeiro:** ■ **Karte 3, A 10,** Rua Dias Ferreira 199, Leblon, Tel. 021 22 74 78 43, www.celeiroculinaria.com.br, Mo–Sa 10–17 Uhr. Das Celeiro ist eine eigentümliche Mischung aus Luxusbäckerei und dem besten Salatlokal der Stadt. Das Angebot ist überwiegend vegetarisch, ab 11.30 Uhr gibt es ein erstklassiges, aber teures Salatbuffet (129 R$/kg) und zwei tgl. wechselnde warme Gerichte. Sparfüchse setzen sich auf die Außenterrasse und nehmen einen Cappuccino (9 R$).

Strandpause light – **Delírio Tropical:** ■ **Karte 3, C 10,** Rua Garcia d'Ávila 48, Ipanema, Tel. 021 36 24 81 64, www.delirio.com.br, Mo–Sa 11–21, So 11–19 Uhr. Der ideale Stopp für eine Strandpause! Das freundlich eingerichtete Salatlokal liegt genau zwischen Posto 8 und 9, nur einen Block von der Praia. Auf dem Plan steht leichte Kost, man wählt aus 15 Salatzubereitungen (12–18 R$) oder bestellt Quiche bzw. Crêpe (9 R$), Suppen (8–10 R$) oder einen Veggie-Burger (8 R$).

Unprätentiös – **Empório Saúde:** ■ **Karte 3, C 10,** Rua Visconde de Pirajá 414 (Quartier Ipanema), Tel. 021 25 22 14 94, Mo–Sa 11.30–17 Uhr, Mittagsteller um 20 R$. Man kommt nicht gerade wegen des Flairs (eher ungemütlich in einem Einkaufszentrum), sondern wegen der preiswerten und schmackhaften vegetarischen Gerichte, die man sich am Tresen zusammenstellt. Im Angebot sind *proteínas* (Huhn, Fisch, Soja-Hamburger u. a.), *acompanhamentos* (Naturreis, Gemüse usw.) und *saladas.*

Klein, aber fein – **Vegetariano Social Clube:** ■ **Karte 3, A 10,** Rua Conde de Bernadotte 26, Leblon, Tel. 021 22 94 52 00, www.vegetarianosocialclube.com.br, Mo–Sa 12–23, So 12–17 Uhr, Hauptgerichte 22–30 R$. Kleines Bio-Restaurant mit Mittagsbuffet (12–17.30 Uhr, 32–34 R$ p. P.) und abends Gerichten à la carte. Auch Suppen und Sandwiches (13–17 R$).

Einkaufen

Souvenirs

In Rio de Janeiro trifft man auf ein reichhaltiges Angebot an **Mitbringseln »Made in Brazil«**. Gern gekauft werden vor allem Bikinis und Bademode, die weltbekannten Flipflops *(havaianas)*, Schmuck und Edelsteine, brasilianische Musik-CDs, der Zuckerrohrschnaps Cachaça, Fußballtrikots und Kunsthandwerk.

An Wochenenden ist Rio ein Paradies für Flohmarktgänger, Antiquitäten- und Trödelliebhaber und Freunde des Kunsthandwerks. Auch die **Wochenmärkte** mit dem landestypischen Obst sollte man sich nicht entgehen lassen, auch wenn man die Lebensmittel nicht im Koffer mit nach Hause nehmen kann (Ausfuhr von Obst ist verboten).

Öffnungszeiten

Die meisten Geschäfte öffnen Mo–Fr 10–20 oder 22 Uhr und am Wochenende 10–18 Uhr, große Einkaufszentren am Sonntag erst um 14 Uhr.

Einkaufsstraßen und -galerien

Die exklusivsten Geschäfte von Rio liegen in **Ipanema,** besonders in der Rua Garcia d'Ávila und der Rua Anibal Mendonça. Entlang der **Rua Visconde de Pirajá** befinden sich exquisite **Galerien** mit Buchläden, Cafés und Modeboutiquen. Eine hohe Dichte an Topläden bieten das **Forum Ipanema** (Rua Visconde de Pirajá 351) und die **Galeria 2000** (Rua Visconde de Pirajá 547).

Das Pendant im feinen **Leblon** sind die Straßenzüge Avenida Ataulfo de Paiva und Rua Dias Ferreira, wo sich einige der angesagtesten Modedesigner der Stadt niedergelassen haben. Im **Centro** findet man günstigere Waren rund um die Av. Sete de Setembro und in der populären Einkaufszone SAARA (s. S. 65).

Edelsteine

Brasilien gehört bis heute zu den Ländern mit den größten Edelsteinvorkommen. Von Smaragden, Saphiren, Rubinen, Opalen und Topasen bis zu 18-karätigem Gold kann man hier fast alles preisgünstiger erwerben als zu Hause. Am sehenswertesten sind die beiden großen Marktführer H. Stern und Amsterdam Sauer, die in ihren Hauptfilialen in Ipanema Edelsteinmuseen unterhalten. Die Häuser bieten kostenlos und ohne Kaufverpflichtung Taxi-Transfers vom Hotel zum Geschäft und zurück.

Shoppingzentren

Die klimatisierten Einkaufszentren – in Brasilien schlicht **Shopping** genannt – sind überaus beliebt. Abends dienen die Lokale als Treffpunkte, auch moderne Kinosäle sind meist zu finden. In Barra da Tijuca gilt das Mega-Einkaufszentrum **Barra Shopping** als das größte Lateinamerikas. Für viele Touristen jedoch näher und einfacher zu erreichen sind **Shopping Rio Sul** (nahe Copacabana) sowie die beiden Einkaufszentren in **Leblon** (s. S. 40 und 102).

Antiquitäten und Kunsthandwerk

Rios Shopping-Highlight – **Feira Hippie de Ipanema: ■ Karte 3, D 11,** Praça General Osório, Ipanema, So 9–17 Uhr. Schon von Weitem sind die mit Perlen bestickten Flipflops, bunte Hängematten und Bikinis zu erkennen. Es liegt nicht nur an der Farbigkeit, dass dieser Flohmarkt den Beinamen ›Hippie-Markt‹ trägt. 1968 haben sich hier wirklich Hippies getroffen, heute sind es vor allem junge Designer, die ihre selbst entworfenen Handtaschen und ausgeflippte Klamotten verkaufen. Dazu gibt es jede Menge Souvenirs, Lederwaren, Halbedelsteine, Schmuck, Keramikartikel und Bilder.

Jeden Abend – **Feira de Artesanato de Copacabana: ■ Karte 3, D/E 10,** Av. Atlântica, Copacabana, tgl. 19–4 Uhr. Ähnliche Artikel wie auf dem Hippiemarkt, nur einfacher und preiswerter, sowie typische Souvenirs findet man abends auf dem Mittelstreifen der Av. Atlântica zwischen dem Hotel Debret (Nr. 3564) und dem Rio Othon Palace (Nr. 3264).

Antiquitätenmeile Nr. 1 – **Feira do Rio Antigo: ■ Karte 4, E 3,** Rua do Lavradio, Lapa (nahe Aquädukt), Metro: Carioca, 1. Sa im Monat 9 bis ca. 18 Uhr. Auf dem wohl schönsten Trödelmarkt der Stadt gibt es neben einer Riesenauswahl an antiken Möbeln und tollem Kunsthandwerk noch Livemusik und Restaurants in unmittelbarer Nähe. Unter freiem Himmel werden auf dem ersten Abschnitt handgearbeitete Taschen, Hüte, Kleidung, Sonnenbrillen und Schmuck angeboten, im zweiten Teil stehen zumeist die Antiquitäten zum Verkauf. Die Atmosphäre gleicht einem echten Straßenfest mit Kleinkunst, Samba und Bossa Nova.

Trödelmarkt – **Feira de Antiguidades da Gávea: ■ A 9,** Praça Santos Dumont, Gávea, So 9–17 Uhr. Über 70 Händler stellen auf dem zentral gelegenen Platz ihren Trödel aus. Besonders Silberbesteck und Teppiche sind hier zu finden, aber auch Schmuck, Schallplatten und altes Geschirr. Auch auf einen schönen Bummel unter Bäumen kann man sich freuen.

Bücher und CDs

Rund um den Bossa Nova – **Toca do Vinícius: ■ Karte 3, C 10,** Rua Vinícius de Moraes 129, Ipanema, Tel. 021 22 47 52 27, Mo–Fr 11–19, Sa 10–18, So, Fei 15–18 Uhr. Eine Fundgrube für Liebhaber des Bossa Nova mit Schallplatten, CDs und Büchern. Besitzer Carlos Alberto Afonso ist ein wandelndes Lexikon und hält auch Vorträge (auf Englisch) zum Thema, ab und zu veranstaltet er zudem ein Sonntagskonzert vor seinem Laden. Daneben auch viele Infos zu den verwandten Musikstilen Choro und Samba.

Schmökern bis in die Nacht – **Livraria Argumento: ■ Karte 3, A 10,** Rua Dias Ferreira 417, Leblon, www.livrariaargumento.com.br, Mo–Sa 9–0.30, So 10–0.30 Uhr. In dieser bis nach Mitternacht geöffneten Buchhandlung lohnt sich der Besuch auch wegen des angeschlossenen Cafés Severino. Schmökern und Schlemmen ist bis eine halbe Stunde vor Ladenschluss möglich.

Megastore – **Livraria da Travessa: ■ Karte 3, B 10,** Rua Visconde de Pirajá 572, Ipanema, www.travessa.com.br, Mo–Sa 9–24, So 10–24 Uhr. Die große Buchhandlung mit allen erdenklichen Werken, v. a. zu Kunst und Design, ist stilvoll eingerichtet und bietet auch Geschenkartikel an. Oben befindet sich das nette Café Bazzar.

Wochenmärkte und Lebensmittel

Ökomarkt – **Circuito Carioca de Feiras Orgânicas: ■ Karte 3, B 10,** Praça Ministro Romeiro Neto (Rua Humberto de Campos, Ecke Rua Cupertino Durão), Leblon, Do 7–13 Uhr, und ■ **Karte 3, C 10,** Praça Nossa Senhora da Paz, Ipanema, Di 7–13 Uhr. Auf diesen schönen Wochenmärkten werden Freunde von Biolebensmitteln fündig: Früchte, Kaffee, Eier, Käse, Brote und Kuchen stehen ebenso zum Verkauf wie selbstgemachte Marmeladen und Honig.

Wochenmarkt 1 – **Feira de Ipanema: ■ Karte 3, D 11,** Praça General Osório, Ipanema, Fr ab 6 Uhr. Frisches Obst und Gemüse gibt es auf dem Wochenmarkt in Ipanema immer freitags bis zum frühen Nachmittag.

Wochenmarkt 2 – **Feira da Urca: ■ G 7,** Praça Tenente Gil Guilherme, Urca, So ab 6.30 Uhr. Rios schöner Stadtteil Urca lädt Frühaufsteher sonntagmorgens – z. B. vor dem Besuch des Zuckerhuts – zum Marktgang ein.

Frische Ware – **Hortifruti:** u. a. ■ **Karte 3, A 10,** Rua Dias Ferreira 57, Leblon, Mo–Fr 7.30–20.30, Sa 8–20, So 8–14 Uhr; ■ **F 8,** Av. Prado Júnior 281, Copacabana, Mo–Fr 8–21, Sa 8–20, So 8–14 Uhr. Empfehlenswerte Märkte für frisches Obst und Gemüse, in denen Hygiene großgeschrieben wird.

Geschenke und Souvenirs

Tasche mit Zuckerhut – **Gilson Martins: ■ E 9,** Av. Atlântica 1998, Copacabana, Tel. 021 22 35 57 01, www.gilsonmartins.com.br, Mo–Sa 9–21, So 10–16 Uhr. Hier findet man die beliebten Mitbringsel in typischem Rio-Design: Taschen, Handtaschen, Sonnenbrillen mit Zuckerhut- bzw. Christus-Motiv oder in den Farben der brasilianischen Fahne. Käufer unterstützen eine gute Sache, denn alle Stücke

Sie wollen den Bossa Nova mit nach Hause nehmen? Dann ist Toca do Vinícius Ihr Laden

werden in einer Favela hergestellt. Weitere Filialen in Copacabana (Rua Figueiredo Magalhães 304) und Ipanema (Rua Visconde de Pirajá 462).

Naturkosmetik – **Granado Pharmácias: ■ Karte 4, F 2,** Rua Primeiro de Março 16, Centro, Tel. 021 32 31 67 46, www.granado.com.br, Mo–Fr 8–20, Sa 10–14 Uhr. Die älteste Apotheke Brasiliens (1870 eröffnet) ist mit ihren hübsch restaurierten Originalvitrinen, den alten Mörsern, Waagen und historischen Werbeplakaten ganz im Stil des 19. Jh. gehalten und eine kleine Sehenswürdigkeit für sich. Viele Zutaten der überwiegend auf natürlicher Basis hergestellten Kosmetikserie stammen aus Amazonien – die himmlisch duftenden Seifen sind ein tolles Mitbringsel!

Brasilianische Folklore – **La Vereda: ■ Karte 4, E 4,** Rua Almirante Alexandrino 428, Santa Teresa, Tel. 021 25 07 03 17, www.lavereda.com.br, tgl. 10–20 Uhr. Das Souvenirgeschäft hat eine hübsche Auswahl an typisch brasilianischen Artikeln, Taschen, Kleidern, Gemälden und brasilianischer Volkskunst. Viele handgemachte Stücke stammen aus dem Nordosten Brasiliens (Pernambuco).

Volkskunst – **Zambê: ■ Karte 4, E 4,** Rua Almirante Alexandrino 402 B, Santa Teresa, Tel. 021 38 52 78 09, tgl. 10–20 Uhr. Auch in diesem geschmackvollen Laden findet man kreative, typisch brasilianische *arte popular,* z. B. besonderen Federschmuck, aber auch schöne Kleidung, Geschenke und Souvenirs.

Mode und Accessoires

Gerne natürlich – **Cecília Brandão: ■ F 5,** Largo do Machado 29, Galeria Condor, Catete, Tel. 021 22 85 37 45, www.ceciliabrandao.com.br, Mo–Fr 10–19, Sa 10–16 Uhr. Die Designerin verwendet ökologische, angenehm zu tragende Materialien wie Naturbaumwolle oder Bambus. Blusen, T-Shirts oder auch Handtaschen sind mit stilisierten Rio-Motiven verziert, z. B. der Bondinho (Tram). Für Einzelstücke sind die Preise sehr fair.

Jeans de luxe – **Ellus: ■ Karte 3, C 10,** Rua Garcia d'Ávila 73, Ipanema, Tel. 021 25 22 76 49, www.ellus.com, Mo–Fr 10– 20, Sa 10–18 Uhr. Die große Jeans-Kette mit Filialen im ganzen Land führt auch Schuhe, Taschen und Gürtel für sie und ihn. Wer Wert auf Stil und edle Ware legt, ist hier richtig.

Junge Damenmode – **Farm: ■ Karte 3, C 10,** Rua Visconde de Pirajá 365, Lojas C und D, Ipanema, Tel. 021 38 13 38 17, www.farmrio.com.br, Mo–Fr 9–21, Sa 9–19, So 12–18 Uhr. Das legendäre Geschäft im Untergeschoss ist ein Muss in Sachen junger Damenmode. Farblich sortiert gibt es auch dazugehörige Accessoires, oft im Retrostil. Die Kette betreibt insgesamt elf Geschäfte in Rio.

Flippig, aber exquisit – **Gilda Midani: ■ Karte 3, A 10,** Rua Dias Ferreira 417, Leblon, Tel. 021 25 12 93 31, www.gildamidani.com, Mo–Fr 10–19, Sa 10–14 Uhr. Die bekannte Designerin Gilda Midani hat zuletzt die Tie-Dye-Färbetechnik in die Welt der Luxusmode eingeführt. Ihre exquisiten Einzelstücke werden bevorzugt aus bester Seide gefertigt.

Flower-Power – **pepper: ■ Karte 3, C 10,** Rua Visconde de Pirajá 295 A, Ipanema, Tel. 021 22 87 86 81, www.pepper-rio.com.br, Mo–Fr 9–20, Sa

9–19, So 11–18 Uhr. Sehr schöne Mode für Frauen, größtenteils jugendlich und ein wenig flippig. Der Name kommt nicht von ungefähr, der Gründer war ein glühender Beatles-Verehrer, der dem damaligen Hippie-Gedanken Ausdruck verleihen wollte.

Leder – **Patrícia Viera: ■ Karte 3, A 10,** Rua Dias Ferreira 417, Loja 401, Leblon, Tel. 021 25 12 94 67, www.patriciaviera.com, Mo–Fr 10–19, Sa 10–14 Uhr. Patrícia Viera arbeitet seit über 20 Jahren ausschließlich mit Leder. Ihr Name ist in ganz Brasilien und auch international ein Begriff, charakteristisch für ihren Stil sind die kunterbunten Damenjackets *(Jaquetas)*.

Damenschuhe 1 – **Schutz: ■ Karte 3, C 10,** Rua Garcia d'Ávila 130, Ipanema, Tel. 021 25 12 41 41, www.schutz.com.br, Mo–Fr 10–20, Sa 10–19, So 11–17 Uhr. Bei Schutz werden (Damenschuh-)Träume wahr: Hochwertige, trendig designte Schuhe – die farbenfrohe Sommerkollektion ist jedes Jahr wieder hübsch anzuschauen.

Damenschuhe 2 – **Marcela B.: ■ Karte 3, A 10,** Rua Dias Ferreira 417, Sala 405, Leblon, Tel. 021 22 74 69 27, www.marcelab.com, Mo–Fr 10–19, Sa 10–14 Uhr. Im Designerhaus in Leblon erlebt man ein schönes und sehr entspanntes Einkaufsambiente. Bei Marcela B. sind bequeme und flache Sommerschuhe ebenso zu finden wie elegante Abendschuhe mit Absatz *(salto alto)*.

Schmuck und Edelsteine

Der Edelstein-König – **H. Stern: ■ Karte 3, C 10,** s. S. 37.

Schöne Smaragde – **Amsterdam Sauer: ■ Karte 3, C 10,** s. S. 37.

Angesagter Designer – **Antonio Bernardo: ■ Karte 3, C 10,** Rua Garcia d'Ávila 121, Ipanema, Tel. 021 25 12 72 04, www.antoniobernardo.com.br, Mo–Fr 10–20, Sa 10–16 Uhr. Antonio Bernardo gilt derzeit als größter Schmuckdesigner Brasiliens und gewinnt Preise am laufenden Band. Allerdings gehen die edlen Stücke auch ziemlich ins Geld (ab 90 R$ bis 15 000 R$ und mehr).

Shoppingzentren

Einfach gigantisch – **Barra Shopping: ■ Karte 5, B 3,** Av. das Américas 4666, Barra da Tijuca, www.barrashopping.com.br, Mo–Sa 10–22, So 13–21 Uhr. Das an einer Nachbildung der New Yorker Freiheitsstatue zu erkennende Barra Shopping gilt seit 1981 als größtes Einkaufszentrum Lateinamerikas. Der Komplex beherbergt mehr als 600 Geschäfte und erstreckt sich über 120 000 m².

Übersichtlich – **Rio Design Leblon: ■ Karte 3, B 10,** Av. Ataulfo de Paiva 270, Leblon, www.riodesignleblon.com.br, Mo–Sa 10–22, So 15–21 Uhr. Der vergleichsweise kleine Einkaufspark verfügt über 71 nette Geschäfte, die insbesondere brasilianische Mode verkaufen.

Upperclass – **Shopping Leblon: ■ Karte 3, B 10,** Av. Afrânio de Melo Franco 290, Leblon, www.shoppingleblon.com.br, Mo–Sa 10–22, So 15–21 Uhr. Das elegante Upperclass-Kaufhaus mitten in Leblon ist die neueste der bekannten Malls der Zona Sul (2006 eröffnet). Besonders schön ist der Blick von der obersten Restaurantetage auf die Lagoa und den Corcovado.

Nahe dem Zuckerhut – **Rio Sul Shopping Center: ■ F 8,** s. S. 30.

Strand- und Bademode

Rios Bikini-Pionier – **Bumbum: ■ F 8,** Rua Lauro Müller 116, 4. Stock, Loja 401 (Shopping Rio Sul), Botafogo, Tel. 021 25 42 96 14, www.bumbum.com.br, Mo–Sa 10–22, So, Fei 15–21 Uhr. Die bekannte Strandmodenmarke mit dem treffenden Namen ›Po‹ bzw. ›Hintern‹ hat jede Menge ausgefallene Bikinis und Bademoden für Männer und Frauen im Sortiment. Seit den 1980er-Jahren gilt Bumbum als Rios Bikini-Marke schlechthin.

Weltberühmte Sandalen – **Havaianas: ■ Karte 3, C 10,** Rua Farme de Amoedo 76 A, Ipanema, Tel. 021 22 67 73 95, www.havaianas.com.br, Mo–Fr 9–20, Sa, So 10–18 Uhr. Kaum ein Tourist, der nicht (mindestens) ein Paar der berühmten Flipflops kauft. Das kleine Geschäft in Ipanema bietet ausgefallene Sonderanfertigungen (250–270 R$), z. B. mit Swarovski-Strasssteinen besetzte Riemen, aber auch die einfarbigen Klassiker mit Brasilien-Flagge (ab 25 R$). Eine größere Auswahl (auch andere Souvenirartikel) findet man in Copacabana (Rua Xavier da Silveira 19).

Jung und exklusiv – **Salinas: ■ Karte 3, C 10,** Rua Visconde de Pirajá 351 (Galeria Forum Ipanema), Ipanema, Tel. 021 22 27 05 23, www.salinas-rio.com.br, Mo–Fr 10–20, Sa 10–18 Uhr. Salinas steht für junge, exklusive Bikini- und Strandmode. Ein weiterer Laden befindet sich in der Galeria 2000 (Nr. 547).

Fliegende Händler – **Strände von Copacabana** und **Ipanema:** Es lohnt sich, auch einen Blick auf die Angebote der fliegenden Händler am Strand zu werfen. Bikinis, nach Wunsch verschieden kombinierbar, Strandbekleidung und Tücher sind oft günstig zu haben.

Ein Souvenirklassiker, der in jeden Koffer passt: Havaianas

Ausgehen – abends und nachts

Die Cariocas gehen gerne und häufig aus. In geselliger Runde trinkt man reichlich Bier, doch auch eine umfangreiche Speisekarte gehört in einer brasilianischen Bar immer dazu. Über fehlendes Nightlife kann man sich in Rio kaum beklagen, die Zahl der Bars *(botecos oder botequins)*, Tanzlokale *(danceterias, boates)*, Discos *(discotecas)* und Clubs *(clubes)* ist beachtlich.

Nie ohne Musik

Musik spielt beim Ausgehen eine wichtige Rolle, meist in Form von Livebands oder Solo-Gitarristen. Typische Musikstile sind **Samba, Bossa Nova, Pagode** und **Chorinho;** auch brasilianischer **Pop (Música Popular Brasileira,** kurz **MPB)** oder regionale Tanzmusik wie der aus Nordostbrasilien stammende **Forró** sind oft zu hören. Die Vorstadtjugend schwört auf **Funk Carioca,** eine Hip-Hop-ähnliche Musikrichtung, die aus den Armenvierteln von Rio heraus landesweit einen kometenhaften Aufstieg genommen hat. Nordamerikanische oder europäische Hits sind dagegen viel seltener zu hören als bei uns.

Wohin zum Ausgehen?

Centro: After-Work-Partys in der **Travessa do Comércio** (▶ F 2) und **Rua do Ouvidor** (▶ F 2), nahe Praça 15 de Novembro, sind eine gute Option für den früheren Abend (Mo–Fr ab 19 Uhr). Donnerstag und Freitag ist es am belebtesten, manchmal mit Livemusik, bei freiem oder gemäßigtem Eintritt. Freitags findet in der **Rua do Mercado** ein ungezwungenes Straßenfest mit Live-Pagode statt.

Lapa: Dieses ältere Bohème-Viertel gleich neben dem Centro ist mit mehr als 50 Lokalen die Nightlife-Meile Rios. Am häufigsten wird Samba, Chorinho oder Bossa Nova gespielt (s. S. 59).

Atlantikviertel: In letzter Zeit mausert sich auch **Leblon** verstärkt als Ausgeh-Treffpunkt, dort findet man diverse, aber nicht ganz billige Bars und Restaurants sowie eine bekannte Disco. **Ipanemas** Ruhm entstammt den 1970er-Jahren, heute finden sich hier v. a. trendige Bars, in denen jüngeres, gestyltes Publikum verkehrt, dagegen gibt es kaum Tanzlokale. In **Copacabana** besteht die größte Bandbreite an Ausgehzielen, von einfachen Spelunken im Rotlichtviertel bis zu hippen Szenebars und noblen Clubs ist alles dabei.

Sambaschulen

Die zwölf Sambaschulen der 1. Liga *(Grupo Especial)* fangen schon zwischen August und November an, in ihren Hallen *(quadras)* zu proben und zu feiern. Empfehlenswert ist ein Besuch von **Mangueira** (■ **Karte 5, C 2,** Rua Visconde de Niterói 1072, Mangueira, Tel. 021 25 67 34 19, www.mangueira.com.br, Nov.–Feb. jeden Sa ab 22 Uhr, Eintritt 40 R$). Es ist die traditionsreichste Sambaschule Rios, der Verein ist gut organisiert und besitzt in seiner Halle eine gute Infrastruktur. Fast alle Hotels bieten organisierte Touren, die man wegen des Komforts, der Entfernung und Sicherheit in Anspruch nehmen sollte.

Ebenfalls lohnenswert ist ein Besuch der Sambaschule **Salgueiro** (■ **Karte 5, C 3,** Rua Silva Teles 104, Andaraí, Tel. 021 22 38 92 26, www.salgueiro.com.br, Aug.–Feb. Sa ab 23 Uhr, Eintritt 40 R$). Diese Schule liegt der Südzone am nächsten und kann leicht per Taxi erreicht werden, die bunten Feste bieten ein nettes und sicheres Ambiente.

Programminfos

Ein aktueller Veranstaltungskalender liegt der Freitagsbeilage **»Rio Show«** der Tageszeitung »O Globo« bei. Die Website **www.riofesta.com.br** (Portugiesisch) listet die besten Konzerte (»Shows«) und Feste. Wer tiefer in Rios Nachtleben einsteigen möchte, findet im Büchlein **»Rio for Partiers«** (Englisch) die besten Ausgehtipps für jeden Wochentag. Der brasilianische Autor Cristiano Nogueira erklärt auch viele Alltagssituationen der Cariocas (im Buchhandel, www.rioforpartiers.com).

Konsumkarte und Gästeliste

In Bars und Clubs mit Eintritt erhalten die Gäste eine Konsumkarte, auf der sämtlicher Verzehr gespeichert wird. Der Gesamtbetrag (inkl. 10 % Trinkgeld) ist vor Verlassen des Lokals an der Kasse zu bezahlen (oft Wartezeiten). Bei Verlust der Konsumkarte wird ein hoher ›Schätzwert‹ in Rechnung gestellt.

Auf **www.listaamiga.com** kann man sich über seinen Facebook-Account auf die Gästeliste von Partys teilnehmender Clubs/Discos setzen lassen (einfach ›Eu vou‹ anklicken). Der Name ist dann automatisch registriert und man erhält beim Eintritt eine Ermäßigung.

Bars und Kneipen

60er-Jahre-Feeling – **Bar Astor:** ■ **Karte 3, D 11,** Av. Vieira Souto 110, Ipanema, Tel. 021 25 23 00 85, www.barastor.com.br, Mo–Do 18–2, Fr, Sa 12–2, So 12–23 Uhr, Cocktails 20–24 R$, die leckeren Caipirinhas kosten ab 17 R$, Snacks und Gerichte bekommt man ab 35 R$. Ein gemischtes Publikum frequentiert diese Bar im Retro-Chic mit Mobiliar aus den 1950er- und 1960er-Jahren, nett ist auch die Außenterrasse mit Blick aufs Meer, obwohl sie leider direkt an der Straße liegt.

Treff der Locals – **Armazém São Thiago (Bar do Gomez):** ■ **Karte 4, E 4,** Rua Áurea 26, Santa Teresa (an der Tram-Linie nach Paula Matos), Mo–Sa 12–24, So 12–22 Uhr. Die populärste Einheimischen-Kneipe des Viertels ist besonders urig-rustikal, von 1919 bis 2002 war sie ein Kolonialwarenladen (man sieht's noch). Preiswerte Getränke (darunter 100 Cachaça-Sorten), köstliche Salgados (4–5 R$) und üppige Salami- oder Mortadella-Sandwiches (18 R$).

Idyllisch auf der Mauer **Bar Urca:** ■ **G 7,** s. S. 30.

Hallo, Herr Nachbar – **Chico & Alaíde:** ■ **Karte 3, A 10,** Rua Dias Ferreira 679, Leblon, Tel. 021 25 12 00 28, www.chicoealaide.com.br, Mo–Sa 10–1, So 10– 22 Uhr. In der beliebten Stadtteilkneipe versammelt sich die Nachbarschaft aus Leblon, unterstützt von Cariocas und Touristen, gemeinsam freut man sich an der lauten und feuchtfröhlichen Stimmung, einem guten *petisco* »Choquinho« (15 R$) und einem frisch gezapften Brahma (6,60 R$/300 ml).

Magic Moments – **Deck Lounge Bar:** ■ **Karte 3, E 10,** Av. Atlântica 2964, 13. Stock im Pestana Hotel, Copacabana, Tel. 021 25 48 63 32, So–Mi 20–24, Do 17–1, Fr, Sa 20–2 Uhr, Eintritt Do–Sa 50 R$, So–Mi frei. Von der romantisch beleuchteten Lounge Bar auf der Dachterrasse des Pestana Hotels bietet sich ein sagenhafter Rundblick auf die Bucht von Copacabana. An Tagen mit Eintritt spielt ein DJ oder es gibt Livemusik (Do Poolparty), sonst Barbesuch ohne Eintritt. Sehr gute Cocktails, frisch gezapftes kühles Chopp und exzellente Snacks *(petiscos)*.

Typisch Rio – **Jobi:** ■ **Karte 3, A 10,** Av. Ataulfo de Paiva 1166 B, Leblon, Tel. 021 22 74 05 47, tgl. 10–4, Fr, Sa bis 6 Uhr. Die portugiesischen Besitzer Manoel und Narciso servieren seit 1956 tolle panierte Shrimps in ihrer bereits zur Institution gewordenen kleinen *boteco*, vor der sich an Wochenenden die Stammgäste aus der Nachbarschaft versammeln. Im Herzen von Leblon bekommt man Brahma *chope* (6,50 R$/300 ml), exzellente *petiscos* ab 25 R$ und günstige Tagesgerichte (bis 16 Uhr).

Coole Gastro-Bar – **Meza Bar:** ■ **D 8,** Rua Capitão Salomão 69, Humaitá, Tel. 021 32 39 19 51, www.mezabar.com.br, So–Do 18–1, Fr, Sa 18–3 Uhr. In die moderne, noch recht junge Bar in der Nähe der Lagune strömt das trendige Mittelschichtpublikum in Scharen. Landesweit berühmt sind die Cocktails in zum Teil gewagten Geschmacksrichtungen wie ›Bonfim‹ mit Ananas, Preiselbeere, Maracuja und Pfefferschote (24 R$). Dazu werden leckere *petiscos* aus frischen Zutaten serviert.

Open-Air-Lounge mit Tanz – **Palaphita Gávea:** ■ **Karte 3, A 10,** Av. Bartolomeu Mitre 1314, Gávea, Tel. 021 31 14 08 53, www.palaphitakitch.com.br, Mo 18–1, Do 20–2, Fr 18–3, Sa 15–3, So 15–1 Uhr, von Eintritt frei bis 40 R$ je nach Veranstaltung. Einer der neuen Spots in Rio, von den Besitzern der Palaphita Kitch Lagoa eröffnet, liegt am Rande der Pferderennbahn Jockey Club.

Die Bar Simplesmente ist eine beliebte Adresse in Santa Teresa (s. S. 57)

Bis 22 Uhr finden alle 30 Min. Rennen statt, auf die man wetten kann. Sehr nettes Open-Air-Lounge-Ambiente, das sich aber erst richtig entfaltet, wenn die Flutlichter der Rennbahn ausgeschaltet sind. Am Wochenende quillt die Tanzfläche über.

Perfekt zum Sonnenuntergang – **Palaphita Kitch: ■ Karte 3, C 10,** Av. Epitácio Pessoa, Quiosque 20, Lagoa, Tel. 021 22 27 08 37, www.palaphita kitch.com.br, tgl. 18–1 Uhr. Das Freiluftlokal zählt am frühen Abend zu den angesagtesten Spots der Stadt. Auf rustikalen, ganz im Amazonas-Stil gehaltenen Holzbänken beobachtet man die hinter den Hügeln der Stadt untergehende Sonne. Dabei genießt man eine der besten Caipirinhas der Stadt.

Diskotheken

Szenedisco – **House of Music: ■ Karte 3, A 11,** Rua Rita Ludolf 47, Leblon, Tel. 021 22 49 93 09, www.house ofmusic.com.br, Di–So ab 20 Uhr, Eintritt 20–25 R$ (Frauen), 40–60 R$ (Männer). Großes, ziemlich schickes In-Lokal der Mittel- und Oberschicht für bis 400 Gäste. Bar, Restaurant, Tanzfläche und hohe Flirtbereitschaft. Die 20–40-Jährigen tanzen hier erst zu Livemusik, später am Abend legen DJs auf. Wer auf der Gästeliste steht (›Lista Amiga‹, Registrierung über reservas@houseof music.com.br) zahlt höchstens 60 %.

Weit draußen, aber gut – **Nuth: ■ Karte 5, C 3,** Av. Armando Lombardi 999, Barra da Tijuca, Tel. 021 35 75 68 50, www.nuth.com.br, tgl. ab 21 Uhr, Eintritt 20–40 R$ (Frauen), 30–90 R$ (Männer). Obwohl weit außerhalb gelegen, zählt das smarte Nuth zu den beliebtesten Tanzläden Rios. Um nicht in der Warteschlange zu stehen, sollte man schon gegen 21 Uhr eintreffen.

Pampa Night – **Pampa Grill: ■ Karte 4, F 3,** Av. Almirante Barroso 90, Centro, Tel. 021 30 94 04 50, www. pampanight.com.br, Di, Do, Fr ab 18 Uhr, Eintritt 15–20 R$ (Frauen), 30 R$ (Männer), mit E-Flyer (über Homepage ausdrucken) billiger. Am Tage Churrascaria, zum Feierabend beliebtes Happy-Hour-, Tanz- und Flirtlokal mit internationalen Mainstream-Hits.

Baile Funk – **Castelo das Pedras: ■ Karte 5, B 3,** Estrada de Jacarepaguá 3600, Jacarepaguá, Tel. 021 34 15 29 92, www.castelodaspedras.com.br, Do–So ab 22 Uhr, Eintritt frei oder um 10 R$ ab 24 Uhr. Ein beliebter und ungefährlicher Ort, um die Funk-Rhythmen der Favelas zu erleben. Das riesige Lokal besteht fast nur aus Lautsprechern und Tanzfläche. Jugendliches Mittelschichtpublikum und Touristen. Manche Hostels bieten das Programm inkl. Transfer an, sonst Anfahrt per Van auf eigene Faust (recht weit).

Kneipenketten

Der Vorreiter – **Belmonte: ■ Karte 4, E 3,** Av. Mem de Sá 82, Lapa, Tel. 021 22 24 21 69, tgl. 10–3 Uhr. Mit Belmonte fing der neue Trend der Kneipenketten in Rio an. Hier steht das Bier besonders schnell auf dem Tisch, vor dem Lokal findet sich stets eine Menschentraube in lockerer Unterhaltung. Weitere Filialen u. a. in Copacabana, Ipanema und Leblon.

Straßenparty – **Devassa: ■ Karte 3, E 10,** Rua Bolívar 8, Copacabana, Tel. 021 22 36 06 67, www.devassa.com.br, tgl. 12–2 Uhr. Das nach deutschem Rezept in eigener Brauerei hergestellte

Konzert- und Showhäuser

Hier die wichtigsten Veranstaltungsorte für große Musikkonzerte, Tanzaufführungen oder andere Performances; Infos zu Programm und Eintritt sind der Zeitung oder den jeweiligen Internetseiten zu entnehmen:

Circo Voador: ■ Karte 4, F 3, Rua dos Arcos, Lapa, www.circovoador.com.br. Modernes Showzelt mit Tribünen, Tanzfläche und Videoleinwand auf großem Gelände gleich unter den Arcos da Lapa. Schwerpunkte sind Rock und Techno, Livemusik; das lockt jüngeres Publikum an.

Citibank Hall: ■ Karte 5, B 3, Av. Ayrton Senna 3000, Shopping Via Parque, Barra da Tijuca (weit außerhalb), www.citibankhall.com.br. Rios größtes Showhaus für 8500 Personen.

Fundição Progresso: ■ Karte 4, F 3, Rua dos Arcos 24, Lapa, www.fundicaoprogresso.com.br. Traditionelles Showhaus und Kulturzentrum in einem hübsch restaurierten Altbau im Zentrum (früher eine Eisengießerei). Neben erstklassigen Konzerten manchmal auch besondere Events.

Theatro Municipal: ■ Karte 4, F 3, s. S. 61.

Vivo Rio: ■ Karte 4, F 4, Av. Infante Dom Henrique 85, Parque do Flamengo (nahe Zentrum beim Museu de Arte Moderna), www.vivorio.com.br. Neueres Showhaus mit 2600 Sitzplätzen.

Bier ist hervorragend: Es gibt fünf Sorten Frischgezapftes, nach Meinung vieler Europäer fließt am besten *Ruiva* (›die Rothaarige‹), die Brasilianer bevorzugen *Loura* (›die Blonde‹) oder *Negra* (›die Schwarze‹). Weitere Filialen u. a. in Copacabana, Ipanema (Rua Prudente de Morais 416) und Centro.

Mit Schaumkrone – **Informal: ■ Karte 3, C 10,** Rua Barão da Torre 348, Ipanema, Tel. 021 22 47 67 11, www.botequiminformal.com.br, Mo–Mi 12–1, Do–Sa 12–3, So 12–24 Uhr. Gepflegt und dennoch zwanglos, nett dekoriert, das Bier hat nach deutschem Vorbild eine Schaumkrone. Weitere Filialen u. a. in Copacabana, Leblon und Lapa.

Kulturzentren

Auch mal Jazz – **Centro Cultural Carioca (CCC): ■ Karte 4, E 3,** Rua do Teatro 37 (bei der Praça Tiradentes), Centro, Tel. 021 22 52 64 68, www.centroculturalcarioca.com.br, Mo–Fr 11–20, Sa 16.30–20.30 Uhr, wechselndes Abendprogramm. Eines der schönsten Kulturzentren Rios in einem historischen Gebäude, in dem man oft exzellente Livemusik hören kann (auch für Rio eher untypische Stile wie Jazz oder Forró).

Kulturpalast – **Centro Cultural do Banco do Brasil (CCBB): ■ Karte 4, F 2,** s. S. 65.

Livemusik

Nordost-Feeling – **Feira de São Cristóvão: ■ B 2,** Campo de São Cristóvão, Tel. 021 25 80 69 46, www.feiradesaocristovao.org.br, Di–Do 10–18, Fr 10 bis So 22 Uhr durchgehend, Eintritt 3–5 R$ (bei Konzerten bekannterer Gruppen bis 20 R$). Innerhalb eines

Das Nachtleben spielt sich in Rio zu einem großen Teil auf der Straße ab

aufwendig restaurierten Stadions finden sich 700 preiswerte Verkaufsstände und Restaurants sowie zwei große Livebühnen mit Forró-Bands und Tanz, es geht hoch her. Anfahrt per Taxi, die Buslinie 474 nach São Cristóvão hält an den Eingängen Sul (Luís Gonzaga) und Norte (Padre Cícero).

Paartanz möglich – **Lapa 40 Graus: ■ Karte 4, E 4,** s. S. 60.

Elegant – **Miranda: ■ Karte 3, B 10,** Av. Borges de Medeiros 1424, Espaço Lagoon, Lagoa, Tel. 021 22 39 03 05, www.mirandabrasil.com.br, Preise je nach Programm. Sehr eleganter neuer Ort für Livemusik und andere kulturelle Veranstaltungen (Theater, Vorlesungen, Ausstellungen). Hier treten oft auch große Namen der brasilianischen Musikszene wie Seu Jorge oder Caetano Veloso auf – in dem relativ kleinen, intimen Ambiente ein einzigartiges Erlebnis. Sehr zu empfehlen ist sonntags ab 18 Uhr die Show »Samba ao entardecer«, Live-Samba mit gelegentlichen Überraschungsgästen (60–100 R$). Gute Speisekarte und leckere Cocktails.

Unprätentiös – **Ponto da Bossa Nova: ■ Karte 3, E 10,** Rua Domingos Ferreira 215, Copacabana, Tel. 021 25 49 75 97, www.pontodabossanova.com.br, So, Mo 12–1, Di–Sa 12–3, tgl. ab 20 Uhr Liveauftritte (6 R$ p. P.). In dieser urigen Straßenbar wird regelmäßig Livemusik – aber nicht nur Bossa Nova – gespielt, auch MPB- oder Sertanejo-Fans kommen auf ihre Kosten. Bis etwa 22 Uhr wird auf der Außenterrasse ausgelassen gefeiert. Auch anständige Speisekarte und *chope* für 5 R$.

Samba-Lokale

Authentisch – **Beco do Rato: ■ Karte 4, F 4,** Rua Joaquim Silva 11, Glória, Tel. 021 25 08 56 00, www.becodorato.com.br, Live-Samba Di ab 19, Fr ab 21 Uhr, Eintritt 5 R$ (Di), 15 R$ (Fr). An die 400 Leute versammeln sich in der kleinen Bar in einer Sackgasse zu einer stilechten ›Roda de Samba‹. Das Ambiente gleicht mehr einer großen Straßenparty. Hinter den Musikern sind auf einem Wandgemälde musikalische Ikonen Rios wie Alcione oder Beth Carvalho verewigt.

Kleines Samba-Juwel – **Bip Bip: ■ Karte 3, D 10,** Rua Almirante Gonçalves 50, Copacabana, Tel. 021 22 67 96 96, ab 19 Uhr Live-Samba (Do, Fr, So), Bossa Nova (Mi) oder Choro (Mo, Di). Vor dem legendären kleinen Laden von 1968 versammeln sich auf dem Gehweg Stammgäste und zufällig hierher verirrte Touristen, nippen ein Dosenbier und lauschen einigen der besten Samba-Musiker Rios. Um die Nachtruhe der Anwohner nicht zu stören, wird hier statt Beifall oft nur mit den Fingern geschnipst.

Heiß und eng 1 – **Carioca da Gema: ■ Karte 4, E 3,** s. S. 59, 60.

Heiß und eng 2 – **Café Cultural Sacrilégio: ■ Karte 3, E 4,** Av. Mem de Sá 81, Lapa, Tel. 021 39 70 14 61, www.sacrilegio.com.br, Di–Fr 19–3, Sa 20–3 Uhr, Band ab 21 Uhr, Eintritt Di–Do 25 R$, Fr, Sa 35 R$. Kleines, intimes Musiklokal in einem Altbau, gleich neben dem Carioca da Gema. Auch hier darf man flotte Samba-, Chorinho- oder MPB-Livemusik und viel Tanz, aber eher keinen Sitzplatz erwarten.

Viel Tradition – **Clube dos Democráticos: ■ Karte 4, E 4,** Rua Riachuelo 91/93, Lapa, Tel. 021 22 52 46 11, www.clubedosdemocraticos.com.br, Mi–Sa ab 22 Uhr, Eintritt 12–25 R$. Besonderer Beliebtheit erfreuen sich in diesem alteingesessenen Sambaverein (seit 1867) die Samba- und Choro-Shows am Do und Sa.

Rios Musiktempel Nr. 1 – **Rio Scenarium: ■ Karte 4, E 3,** s. S. 60.

Samba de Roda – **Trapiche Gamboa: ■ E 2,** Rua Sacadura Cabral 155 (nahe Praça Mauá, Terminal der Kreuzfahrt-

Das Rio Scenarium lässt sich in einem Wort charakterisieren: Kult!

Rio – Hauptstadt der Gays

Rio de Janeiro wurde mehrmals zur gay-freundlichsten Stadt der Welt gewählt, jedes Jahr kommen mehr Gays, 25 % der ausländischen Touristen sind bereits dem GLS-Publikum zuzurechnen (GLS = *gays, lésbicas e simpatizantes*). Wichtigstes Zentrum ist Ipanema, besonders entlang der Rua Farme de Amoedo.

00 (Zero Zero): ■ Karte 3, A 10, Av. Padre Leonel Franca 240, Gávea, Tel. 021 25 40 80 41, www.00site.com.br. Die im Planetarium von Rio gelegene Disco bietet So eine der besten GLS-Partys der Stadt (17–5 Uhr, 25–50 R$). Restaurant Di, Do ab 22, Fr, Sa ab 21, So ab 18.30 Uhr.

Galeria Café: ■ Karte 3, D 11, Rua Teixeira de Mello 31, Ipanema, Tel. 021 25 23 82 50, www.galeriacafe.com.br, Mi–Sa ab 23 Uhr Motto-Partys, besonders beliebt ist die ›Sexta Básica‹ (Fr), Eintritt 25–45 R$, Sa, So tagsüber Café Bazar (11–20 Uhr).

Le Boy: ■ Karte 3, D 10, Rua Raul Pompéia 102, Copacabana, Tel. 021 25 13 49 93, www.leboy.com.br, tgl. ab 23 Uhr, Eintritt 10–30 R$. Einer der Gay-Hotspots in Copacabana mit Strip Night am Di, tgl. wechselndes Programm.

The Week: ■ E 2, Rua Sacadura Cabral 154, Saúde, Tel. 021 22 53 10 20, www.theweek.com.br, Fr, Sa ab 24 Uhr, Eintritt 10–45 R$. Schicker House-Musik-Tempel mit erstklassigen DJs und gelegentlichen Sonderveranstaltungen.

Tô nem aí: ■ Karte 3, C 10, Rua Farme de Amoedo 57, Ipanema, Tel. 021 22 47 84 03, www.tonemai.com.br, tgl. 12–2 Uhr. Eher bodenständige Kneipe (abgewetzte Dielen, laute Rockmusik, abgegriffene Speisekarten), doch das Publikum fühlt sich wohl und bestellt Brahma *chope* im großen 2,5-Liter-Bierturm *(torre)* für 59,90 R$.

TV Bar: ■ Karte 3, D 11, Av. N. S. de Copacabana 1417, Shopping Cassino Atlântico, Tel. 021 22 67 16 63, www.bartvbar.com.br, Do–Sa ab 22, So ab 20 Uhr, Eintritt 10–45 R$. Hier befand sich früher eine Fernsehstation, was sich noch in der teils recht schrägen Deko widerspiegelt.

schitte), Saúde, Tel. 021 25 16 08 68, www.trapichegamboa.com, Di–Fr 19–3, Sa 20.30–4 Uhr, Couvert 12–20 R$. Die originell eingerichtete Bar, in der hervorragende Samba-Livemusik gespielt wird, zieht ein gemischtes Publikum aller Altersklassen an. Auch als After-Work-Treffpunkt sehr beliebt.

Tanz- und Folkloreshow

Mitreißend – **Ginga Tropical: ■ F 5,** Rua Pedro Américo 277, Casarão Ameno Resedá, Catete, Tel. 021 35 53 19 54, www.gingatropical.com, So–Mi 22 Uhr, Eintritt 160 R$ (inkl. Transport 190 R$), Reservierung über Website. Sehr niveauvolle Tanz- und Folkloreshow für Touristen. Vorgestellt werden Gesänge und Tänze aus vielen Regionen Brasiliens, die von den Darstellern selbst choreografiert wurden, wie z. B. Frevo (aus Pernambuco), Capoeira und Candomblé (aus Bahia) oder Samba (aus Rio). Wer die künstlerische und tänzerische Vielfalt Brasiliens noch nicht erlebt hat, erhält hier einen stimmungsvollen Querschnitt. Die knapp 90-minütige Show findet in einem intimen Saal eines schön restaurierten Altbaus statt, man sitzt an Tischen und kann dabei essen und trinken.

Sprachführer brasilianisches Portugiesisch

Aussprache/Betonung

Im Unterschied zum europäischen Portugiesisch ist die brasilianische **Aussprache,** vor allem in Rio, weicher und melodischer. So werden **x, z, ch** und **g** (vor hellen Vokalen: e, i) wie ›sch‹ gesprochen, **j** wie ›jsch‹, **ç** und **c** (vor hellen Vokalen) wie ein stimmloses ›s‹. Harte Konsonanten werden oft vokalisiert, z. B. wird **l** nach einem Vokal wie ›u‹ ausgesprochen (Brasiu = Brasil), **lh** wie ›ij‹, **nh** wie ›nj‹. Das harte **h** bleibt am Anfang eines Wortes stumm. Am Wortende wird **e** häufig wie ›tschi‹ ausgesprochen (vor allem in Rio). Die **Betonung** liegt bei den meisten Wörtern auf der vorletzten Silbe, falls nicht Akzentzeichen (á, â) etwas anderes verlangen. Es gibt allerdings einige Ausnahmen, u. a. Wörter, die auf l, r und z enden, dort wird die letzte Silbe betont.

Redeweisen

Man legt sich ungern fest in Brasilien, statt ›ja‹ oder ›nein‹ *(sim, não)* hört man viel häufiger ›vielleicht‹ *(talvez)* oder ›kann sein‹ *(pode ser).* Vieles wird auf morgen verschoben *(amanhã).* Ebenso locker geht es bei den Anredeformen zu. Außer bei älteren Leuten oder bei Respektspersonen *(a Senhora, o Senhor)* verwendet man wie im Englischen meistens das intimere ›Du‹ *(você).* Üblich ist auch, selbst bei Fremden, sich gleich mit ›Liebe‹, ›Lieber‹ *(amor)* anzureden.
Entgegen einem verbreiteten Vorurteil sind Brasilianer äußerst höflich, bei jeder Kleinigkeit entschuldigt man sich *(desculpe),* bittet um Erlaubnis *(com licença)* oder bescheinigt seine Anteilnahme (*sinto muito* = Tut mir leid!). ›Bitte‹ heißt *por favor,* ›danke‹ *obrigado/a* (sie sagt -a, er sagt -o). Fast ständig hört man nach dem einleitenden *oi* (Hallo!) die Frage nach dem Befinden (*tudo bem?* = Alles klar, alles o.k.?). Eine ernsthafte Antwort darauf wird nicht erwartet, lediglich *tudo bem,* bei aller Herzlichkeit bleibt man in Brasilien zugleich stets an der Oberfläche – jedenfalls bei neuen Bekanntschaften. Im schlimmsten Falle kommt die Erwiderung *mais ou menos* (mehr oder weniger, es geht so). Man sollte nicht alles wörtlich nehmen, schon gar nicht Einladungen oder Versprechungen. Ein freundliches *tschau, te ligo* (tschüs, ich ruf dich an) zum Abschied bedeutet meistens, dass sich die nette Person nie wieder meldet. Insistierendes Nachfragen (wann, wo: *quando, onde*) nützt wenig. Leider *(infelizmente)* oder: Wie schade *(que pena)*!

Allgemeines

Guten Morgen	Bom dia (bis 12 Uhr)
Guten Tag	Boa tarde (12–18 Uhr)
Guten Abend	Boa noite (ab 18 Uhr)
Wie geht's, alles o. k.?	Como vai, tudo bem?
Auf Wiedersehen!	Até logo!
Es war mir ein Vergnügen!	(Muito) prazer!
Entschuldigung!	Desculpe!
Ich spreche Englisch und Deutsch	Eu falo inglês e alemão
Ich bin	Eu sou
Deutsche(r)	alemã(o)
Österreicher(in)	austríaco/a
Schweizer(in)	suíço/a
Ich hätte gern ...	Gostaria
Teuer/billig	caro/barato
Mehr/weniger	mais/menos
Mit/ohne	com/sem
Nah/weit	perto/longe
Heute/gestern	hoje/ontem

Im Hotel

Einzel-/Doppelzimmer	quarto solteiro/casal
Toilette/Bad	banheiro
Zimmerschlüssel	chave
Gepäck	bagagem
Treppe/Aufzug	escada/elevador
Stockwerk	andar
Frühstück bis zehn Uhr	Café da manhã até às dez horas
Bett	cama
Moskitonetz	mosquiteiro

Unterwegs

Flugzeug	avião
Flughafen	aeroporto
Omnibus	ônibus
Busbahnhof	rodoviária
Fähre, Boot	balsa
Autovermietung	autolocadora
Mietwagen	carro de aluguel
Führerschein	carteira de motorista
Touristen-information	Informação turística
Stadtplan	mapa
Straße	rua
Platz	praça
Kirche	igreja
Brücke	ponte
Hafen	porto
Strand	praia
Insel	ilha
See	lagoa
Fluss	rio

Gesundheit

Hilfe!	Socorro!
Arzt	médico
Krankenhaus	hospital
Apotheke	farmácia
Medikament	remédio
Erste Hilfe	Pronto socorro
Notfall	emergência
Unfall	acidente
Schmerzen	dores

Zahlen

0	zero	15	quinze
1	um/uma	16	dezesseis
2	dois/duas	17	dezessete
3	três	18	dezoito
4	quatro	19	dezenove
5	cinco	20	vinte
6	seis	30	trinta
7	sete	40	quarenta
8	oito	50	cinquenta
9	nove	60	sessenta
10	dez	70	setenta
11	onze	80	oitenta
12	doze	90	noventa
13	treze	100	cem
14	catorze	1000	mil

Zeit

Stunde	hora
Tag	dia
Woche	semana
Monat	mês
Jahr	ano
Sonntag	domingo
Montag	segunda-feira
Dienstag	terça-feira
Mittwoch	quarta-feira
Donnerstag	quinta-feira
Freitag	sexta-feira
Samstag	sábado

Die wichtigsten Sätze

Wie heißen Sie? Como se chama? Qual é seu nome?
Wie viel kostet es? Quanto custa? Quanto é?
Wie viel kostet das Zimmer? Quanto é a diária?
Haben Sie ein Zimmer frei? Tem um quarto livre? Tem vaga?
Ich habe eine Reservierung. Tenho uma reserva.
Wo (befindet sich)? Onde (fica)?
Links, rechts, geradeaus À esquerda, à direita, direto
Wann? Quando?
Um wie viel Uhr? Que horas?
Wie lange dauert es? Quanto tempo demora?
Warum? Por quê?
Ich spreche kein Portugiesisch. Eu não falo português.
Das habe ich nicht verstanden. Não entendi.
Wann fährt der Bus/das Boot ab? Que horas sai o ônibus/o barco?
Kann ich da vorne/an der Ecke aussteigen? Posso descer lá em frente/na esquina?

Kulinarisches Lexikon

Allgemeines	
almoço	Mittagessen
Bom apetite!	Guten Appetit!
café	Café/Kaffee
café da manhã	Frühstück
carta de vinhos	Weinkarte
entrada	Vorspeise
jantar	Abendessen
restaurante	Restaurant
lanchonete	Snackbar
sal/pimenta-do-reina	Salz/ Pfeffer
Saúde!	Prost!
Peixe	**Fisch**
anchova	Anchovis
peixe vermelho	Rotbarsch
bacalhau	Stockfisch
piranha/pirarucu/ surubim/tucunaré	leckere Süßwasserfische
poraquê	Zitteraal
salmão	Lachs
truta	Forelle
Frutos do mar	**Meeresfrüchte**
camarão	Krabben/Shrimps
caranguejos	Taschenkrebse
lagosta	Languste
lula	Tintenfisch
ostras	Austern
Carne	**Fleisch**
boi/porco	Rind/Schwein
cabrito	Ziege
carne de sol/carne seca	Trockenfleisch
churrasco	gegrilltes Fleisch
mal passado	blutig
ao ponto	medium
bem passado	durchgebraten
Aves	**Geflügel**
codorna	Wachtel
frango	Hähnchen
galinha	Huhn
Legumes	**Gemüse**
abóbora	Kürbis-Art
aipim	Maniokwurzel-Art
beringela	Auberginen
cenoura	Möhre
couve mineira	grüner Kohl aus Minas Gerais
feijão preto	schwarze Bohnen
mandioca	Maniokwurzel
milho	Mais
palmito	Palmherz
pimentão	Paprikaschote
quiabo	Okraschote
Guarnições	**Beilagen**
arroz	Reis
batatas cozidas	gekochte Kartoffeln
batata frita	Pommes frites
farofa	Maniokmehl (trocken)
massas	Nudeln
ovos	Eier
pirão	Brei aus Maniokmehl
puré	Kartoffelpüree
salada (alface/ tomate)	Salat (Kopfsalat/ Tomaten)
Sopas	**Suppen/ Eintöpfe**
caldo verde	Brühe aus Kartoffeln, Grünkohl, Räucherwurst, Olivenöl
canja	Hühnersuppe mit Gemüse
cozido	gekochter Eintopf aus Fleisch/ Gemüsen
sopa de legumes	Gemüsesuppe
sopa de cebola	Zwiebelsuppe
sopa de ervilhas	Erbsensuppe
sopa de aspargos	Spargelsuppe
Petiscos	**Snacks**
bolinhos de bacalhau	frittierte Bällchen aus Stockfisch und Püree
casquinha de siri	Krebsfleisch und Püree
coxinhas	Küchlein aus Mehl-Kartoffel-

	teig mit Hühnchenstückchen
empada	Pastete mit Fleisch-, Krabben- oder Palmenherzenfüllung
frango à passarinho	frittierte Hähnchenteile mit viel Knoblauch
linguiça	fette Bratwurst vom Schwein
pão de queijo	Gebäck aus feinem Maniokmehl und Minas-Käse
provolone à milanesa	frittierte Käsebällchen

Sobremesas	**Nachspeisen**
pudim	Pudding
sorvete	Eis
torta	Torte

Frutas	**Obst**
abacate	Avocado
abacaxi	Ananas
açaí und acerola	Beerenfrüchte aus Amazonien
ameixa	Pflaume
banana	Banane
cajá	Frucht aus dem Nordosten
caju	Cashewnuss-Frucht
carambola	Karambole/Sternfrucht
goiaba	Guave
kiwi	Kiwi
laranja	Orange
limão	Limone
mamão	Papaya
manga	Mango
maracujá	Maracuja
melancia	Wassermelone
morango	Erdbeere
melão	Honigmelone
pêra	Birne
pêssego	Pfirsich
tangerina	Mandarine

Bebidas	**Getränke**
água (com/sem gás)	Mineralwasser (mit/ohne Kohlensäure)
água de coco	Wasser der Kokosnuss (keine Kokosmilch)
água tônica	Sodawasser
cachaça	Zuckerrohrschnaps
café (com leite/sem açúcar)	Kaffee (mit Milch/ohne Zucker)
cafezinho	kleiner Kaffee in Mokka-Tässchen
campari	Campari
cerveja	Bier (Flasche)
chá	Tee
champanhe	Sekt
chope	gezapftes Bier
coca	Cola
conhaque	Cognac
guaraná	koffeinhaltiger Saft einer Amazonas-Frucht, auch als süße Limonade
licor	Likör
saidera	Absacker
suco natural de …	frisch gepresster Fruchtsaft aus …
uísque	Whisky
vinho (tinto/branco/taça/jarra/garrafa)	Wein (rot/weiß/Glas/Krug/Flasche)
vitamina de frutas	Shake aus Milch und Früchten

Im Restaurant

Die Speisekarte, bitte! O cardápio, por favor!
Was möchten Sie essen? O que gostaria de comer?
Was möchten Sie trinken? O que gostaria de beber?
Ich möchte gerne … Eu gostaria (quero) …
Noch etwas? Mais alguma coisa?
Die Rechnung, bitte! A conta, por favor!
Trinkgeld inbegriffen? Gorjeta incluída?

Register

Academia da Cachaça 41
Aeroporto Internacional Antônio Carlos Jobim 6, **16**
Aeroporto Nacional Santos Dumont 6, **16**
After-Work-Party **65,** 104
Agência Heidelberg 86
Airport-Shuttle 16
Albamar 96
Alessandro & Frederico Café 37
Amarelinho 62
Amsterdam Sauer 37
Anreise 16
Antonio Bernardo 102
Apotheken 18
Arcos da Lapa 8, 22, **59**
Armazém São Thiago 105
Arpoador **34,** 55
Ärzte 19
Assis 50
Atlantis Copacabana Hotel 87
Auslandsreise-Krankenversicherung 19
Aussichtspunkte 33, 39, 43, 48, 49
Azeitona & Cia. 40
Azul Marinho 34, **94**

Baden 33, 36
Baixo Copa 33
Baixo Dias Ferreira 40
Banco Nacional do Desenvolvimento (BNDES) 62
Bar Astor 36, **105**
Bar do Gomez 57, **105**
Bar do Mineiro 56
Bar Urca 30
Barra da Tijuca 6, 9, 15, **74,** 75
Barra Shopping 102
BB Lanches 94
Beco do Rato 109
Belmonte 33, **107**
Berbigão 53
Berbigão Jurujuba 68
Bibi Sucos 94
Biblioteca Nacional 61
Bike & Lazer 21
Bio Carioca 33, **97**
Bip Bip 110
Bonde 57
Bootstouren 21, **54,** 77
Bossa Nova **37,** 99, 104
Botanischer Garten 6, **42**
Boteco da Garrafa **33,** 59
Botequim 47
Brasileirinho 96
Brasilianische Tourismusministerium 19
Brasserie Rosário 66
Bumbum 103
Burle Marx, Roberto 33, 52, **75**
Bus 16, **24**
Búzios **76,** 77

Café Cultural Sacrilégio 110
Cafecito 56
Cafeína 91
Cama e Café 86
Cantagalo 38
Carioca da Gema 59
Cariocas **8,** 9
Carmen e Fernando 87
Carretão Lido 33
Casa da Cultura (Paraty) 82
Casa da Feijoada 96
Casa França-Brasil 65
Casa Turuna 65
Cascatinha do Taunay 74
Castelinho 38 87
Castelinho do Flamengo 51
Castelo das Pedras 107
Catedral Metropolitana de São Sebastião 62
Catete 12, **51**
Cecília Brandão 101
Celeiro 40, **97**
Centro Cultural Banco do Brasil (CCBB) 65
Centro Cultural Carioca (CCC) 108
Centro Cultural Laurinda Santos Lobo 57
Centro Cultural Oduvaldo Vianna Filho 51
Cervantes 97
Chafariz do Mestre Valentim 65
Chico & Alaíde 40, **105**
Churrascaria Palace 92
Cinelândia 7, 8, 12, **61**
Circo Voador 108
Circuito Carioca de Feiras Orgânicas 100
Citibank Hall 108
Clube dos Democráticos 110
Cobal Humaitá 47
Cobal Leblon 40
Coccinelle Bistrô 66
Companhia de Pesquisa de Recursos Minerais 28
Confeitaria Colombo 34, **63,** 85
Convento de Santa Teresa 57
Cook in Rio 21
Copacabana 6, 9, 22, **32,** 55, 103, 104
Copacabana Palace 33, **89**
Corcovado 6, **48**
Cosme Velho 49
Costa Paes, Eduardo da 12
Costa Verde 80
Cristo Redentor 48

D.R.I. Café 91
Deck Lounge Bar 106
Delegacia de Atendimento ao Turista 22
Delírio Tropical 97
Desacato 41
Devassa 33, **107**
Dois Irmãos **5,** 36, 39
Dom João VI. **14,** 65, 71, 72
Dom Pedro I. **14,** 62, 65, 71
Dom Pedro II. **15,** 53, 62, 65, 71, 73
Drink Café 47

EC-Karte 18
Edelsteine 14, **98**
Edifício Praia do Flamengo 51
Edifício Seabra 52
Einreisebestimmungen 17
Ellus 101
Empório Saúde 97
Escadaria do Selarón 53, **58**
Escola de Artes Visuais **73,** 92
Escola de Vôlei de Praia Sandra & Elaine 22
Espaço Michael Jackson 46
Espírito Santa 57, **94,** 95
Estação Baião de Dois 71
Estação das Barcas 25
Estação Paineras 49
Estação República 53
Estação Trem Corcovado 49

Fähren 25
Família Paludo 68
Farm 101
Favelas 6, **12,** 15, 22, 38, 45
Feiertage 17
Feira da Urca 100
Feira de Antiguidades da Gávea 99
Feira de Artesanato de Copacabana 99
Feira de Ipanema 100
Feira de São Cristóvão 71, **108**
Feira do Rio Antigo 99
Feira Hippie de Ipanema 99
Feste 17
FKK-Strand 75
Flamengo 51
Flamengo-Vereinshaus 42
Floresta da Tijuca 73
Fortaleza de Santa Cruz 54, **68**
Fortaleza de São João **30,** 54
Forte de Copacabana 34
Forte Lage 55
Frontera 91
Fundição Progresso 108
Fußball 10, 15, 70
Fute-Vôlei 21

Galeão 16
Galeria Café 111
Garota da Urca 30
Garota de Ipanema 37
Gays 36, 77, **111**
Geld 18
Generalkonsulate 22
Gesundheit 18
Getränke 90
Gilda Midani 40, **101**
Gilson Martins 100
Ginga Tropical 111
Giuseppe Grill 93
Glória 12, 51
Granado Pharmácias 101
Grumari 74
Guanabara-Bucht 12, 13, 14, 28, 30, 51, **54,** 67, 72
Gula Gula 94

H. Stern 37
Havaianas 103
Heitor Villa-Lobos 46
Heliponto 49
Helisight 31
Hippie-Markt 37, 99
Hortifruti 100
Hotel Glória 52
Hotel Santa Teresa 89
Hotel Vermont 87
House of Music 107
Hubschrauberflüge **31,** 49

Igreja da Ordem Terceira de São Francisco da Penitência 62
Igreja de N. S. da Candelária 65, **66**
Igreja de N. S. da Glória do Outeiro 53
Igreja de N. S. do Carmo da Antiga Sé 65
Igreja de Santo Antônio 62
Igreja e Mosteiro de São Bento 72
Igreja Matriz de Nossa Senhora da Glória 51
Igreja NS do Brasil 30
Igreja Santa Cruz dos Militares 65
Igreja São José 64
Ilha Comprida 55
Ilha de Paquetá 25, **72**
Ilha Grande 79
Impfungen 17, **19**
Informal 33, 108
Informationsquellen 19
Instituto Benjamin Constant 28
Instituto Moreira Salles 72
Internet 19, **23,** 24
Ipanema 5, 6, 9, 32, **36,** 55, 103, 104
Ipanema Plaza Hotel 88
Itacoatiara 67
Itaipu 67

Jachthafen 30
Jardim Botânico 6, **42**
Jardim Zoológico 71
Joaquim José da Silva Xavier 64
Jobi 106
Jojo Café Bistrô 43
Jurujuba 68
Juweliere 37

Karneval 8
Kartensperrung 22
Kinder 20
Kite- und Windsurfen 22
Klettern 21
Klima 20
Konsumkarte 105
Kreditkarten 18
Kriminalität 15

La Fiducia 93
La Mole 68
La Vereda 57, **101**
Lagoa Aventuras 44
Lagoa Rodrigo de Freitas 6, 13, **42**
Laguiole 93
Lampadosa 95
Lapa 7, 12, 27, **59,** 104
Lapa 40 Graus 60
Largo da Carioca 62
Largo do Guimarães 56
Largo do Machado 51
Laurinda dos Santos Lobo 57
Le Boy 111
Leblon 5, 6, **39,** 104

Leme **33,** 55
Lima Restobar 47
Livraria Argumento 40, 99
Livraria da Travessa 99
Luiz Fernando de Souza »Pezão« 12
Luna Café des Arts 50

Mamma Rosa 50
Mangue Seco 60
Mangueira 104
Maracanã-Stadion 10, 15, **70**
Marcela B. 40, **102**
Marina All Suites 89
Marina da Glória 54
Marius Degustare 33
Marlim Yacht 54
Mas será o Benedito 60
Meerwasserqualität 13
Metro 24
Meza Bar 106
Mietwagen 25
Minas Gerais **14,** 38, 81
Mirante da Paz 38
Miranda 109
Mirante Dona Marta 6, **49**
Mirante do Leblon 39
Mirante Pedrão 45
Mirasol Copacabana Hotel 87
Monumento aos Mortos da Segunda Guerra Mundial 52
Monumento Natural dos Morros do Pão de Açúcar e da Urca 30
Morro da Babilônia 47
Morro da Urca 29
Morro do Leme **33,** 55
Museu Chácara do Céu 57
Museu da Imagem e do Som 33
Museu da República 52
Museu de Arte Contemporânea (MAC) 55, 67
Museu de Arte do Rio (MAR) 73
Museu de Arte Moderna (MAM) 52
Museu de Ciências da Terra 29
Museu de Folclore Edison Carneiro 52
Museu do Amanhã 73
Museu do Índio 46
Museu do Meio Ambiente 43
Museu Histórico Nacional 73
Museu Nacional 71
Museu Nacional das Belas Artes 61
Museu Villa-Lobos 46
Musik 104

Niemeyer, Oscar 8, **34,** 67
Niterói 67
Notruf 22
Novotel Santos Dumont 88
Nuth 107

Obstaklo 44
Öffnungszeiten 20, 91, 98
Olympische Spiele 2016 13, **15,** 19, 70
Oztel 87

Paço Imperial 64
Paes, Eduardo 70
Palácio Pedro Ernesto 61
Palácio Tiradentes 64
Palaphita Gávea 106
Palaphita Kitch 43, **107**
Pampa Grill 107
Pão de Açúcar 6, **28**
Paquetá (Insel) 72
Paraty 81
Parque da Catacumba 43
Parque da Cidade 68
Parque das Ruínas 57
Parque do Cantagalo 43
Parque do Catete 52
Parque do Flamengo **52,** 54
Parque dos Patins 42
Parque Garota de Ipanema 34
Parque Lage 73
Parque Nacional da Tijuca 6, 23, 43, **73**
Parque Quinta da Boa Vista 71
Patrícia Viera 40, **102**
Pedra Bonita 74
Pedra da Gávea 74
Pedra do Arpoador 36
Pelé 70
pepper 101
Pereira Passos, Francisco 15
Pestana Rio Atlântica 88, 89
Petrobras 62
Pista Claudio Coutinho 29
Plano Inclinado do Outeiro da Glória 53
Polizei 22
Ponto da Bossa Nova 109
Porcão 92
Porcão Rio's 93
Porto Bay Rio Internacional 88
Porto Maravilha 7, 73
Portugal 13, **14,** 62
Praça 15 de Novembro 12, 64, **65**
Praça do Cantão 46
Praça Floriano 12
Praça Marechal Floriano Peixoto 61
Praça Mauá 7
Praça Tiradentes 62
Praia de Botafogo 54
Praia de Icaraí 68
Praia do Flamengo **52,** 54
Praia do Pepino 74
Praia Lopes Mendes (Ilha Grande) 79
Praia Vermelha **29,** 55
Prainha 74
Preise 86
Private Fahrdienste 25
Privatzimmervermittlung 86
Privilège (Búzios) 76

Quase Nove 37

Radfahren 21, 34
Rauchen 20
Real Gabinete Português de Leitura 7, 14, 22, **62**
Recreio 74
Reisen mit Handicap 20
Reisezeit 20
Rentner 19
Restaurante Quinta da Boa Vista 71
Rio Design Leblon 40, 102

Rio Scenarium **60,** 110
Rio Sul Shopping Center 30
Rocinha 47
Rodoviária Novo Rio 16
Rousseff, Dilma 12
Rua Dias Ferreira **40,** 90, 98
Rua do Lavradio 7, **60**
Rua do Ouvidor 7, 63, 65, **104**
Rua Garcia d'Ávila **37,** 42, 90, 98
Rua Visconde de Pirajá 37

SAARA 65
Salgueiro 105
Salinas 103
Samba **8,** 59, 66, 104, 109
Sambódromo 8
Santa Marta 13, 45
Santa Teresa 7, 12, 22, **56**
São Conrado 6, **74**
São Cristóvão 70
Satyricon 93
Saveiros Tour 54
Sawasdee Bistrô 40
Schutz 102
Segelfliegen 21
Seilbahn 29
Selarón, Jorge 58
Serra da Carioca 73
Shopping Leblon 40, 102
Shoppingzentren 98
Sí Señor 92
Sicherheit 22
Silva Costa, Heitor da 48
Simplesmente 57, 58
Siqueira Grill 91
Sítio Roberto Burle Marx 75
Sklaverei **15,** 40
Sobrenatural 57
Souvenirs 98
Sport und Aktivitäten 21
Stadtführungen 23
Stadtwappen 13
Stand Up Paddling 22
Strandvolleyball 21
Supermärkte 91
Surf-Bus 23
Surfen 22
Sushi Leblon 40

Taberna da Glória 53
Talho Capixaba 40
Tanz 8
Taxi 16, **24**
Telefon 23
Telenovelas 10
Tenore Gourmet 68
Térèze 57
Terra Brasilis 29
The Week 111
Theatro Municipal 8, 61
Tô nem aí 111
Toca do Vinícius 37, **99,** 100
Trapiche Gamboa 110
Travessa do Comércio **65,** 104
TV Bar 111

Umwelt 25
Universidade Federal do Rio de Janeiro 28
UPP (Unidade da Polícia Pacificadora) 13
Urca 28

Van-Transporter 24
Vegetariano Social Clube 97
Venga 95
Veranstaltungskalender 105
Verwaltung 12
Via Sete 95
Vidigal 40
Vila do Abraão (Ilha Grande) 79
Vista Chinesa 43
Visum 17
Vivo Rio 108

Währung 18
Wandern 23
Wasser 19
Wechselstuben 18
Windsor Atlântica 88
Windsor Martinique 87
Wirtschaft 11, 15
Wochenmärkte 98

Yogoberry 94

Zambê 57, **101**
Zazá Bistrô Tropical 95
Zentrum 61, 64
00 (Zero Zero) 111
Zoll 17
Zona Norte 6
Zona Oeste 6, **74**
Zózimo Barrozo 39
Zuckerhut 6, **28,** 54
Zuckerrohr 14, 81
Zuka 40, **93**

Unterwegs mit Nicolas Stockmann und Helmuth Taubald

Nicolas Stockmann besuchte Rio de Janeiro vor zwölf Jahren zum ersten Mal und war von Anfang an begeistert. Heute ist er im sonnigen Bundesstaat Bahia zu Hause, bricht aber immer wieder zu längeren Exkursionen in seine zweite brasilianische Wahlheimat auf.

Helmuth Taubald lebt seit 1990 ganz in Rio und bietet auch private Stadtführungen an (www.rio-insider.com). Beide Autoren haben für den DuMont Reiseverlag mehrere Bücher zu Brasilien geschrieben. Die »schönste Stadt der Welt« in einem eigenen Band vorzustellen, war für sie eine besondere Freude.

Abbildungsnachweis

Bildagentur Huber, Garmisch-Partenkirchen: S. 7, 72, 75 (Bartuccio); 32, 36, 80 (Gräfenhain)
Ipanema Plaza, Rio de Janeiro: S. 86
iStockphoto, Calgary (Kanada): S. 77 (Luoman); 11 (Maehl); 54 (Matts); 28 (Nikada)
Leo Kuenzle, Rio de Janeiro: S. 4/5, 14, 39, 45, 96, 98, 100, 103
laif, Köln: S. 90, 104, 106, 109 (Back); Umschlagklappe vorn, 48, Umschlagrückseite (Heeb); 59, 95 (Knechtel); Titelbild, 9, 42, 56, 67, 84/85 (Meyer); 70 (Nehmzow); 76, 82 (Wallet/Le Figaro)
Mauritius, Mittenwald: S. 26/27, 51, 61, 64 (age); 110 (Harding)
Pestana Atlântica, Rio de Janeiro: S. 89
Antonio Saraiva, Rio de Janeiro: S. 92
Nicolas Stockmann, Salvador: S. 120 (2x)

Kartografie

DuMont Reisekartografie, Fürstenfeldbruck
© DuMont Reiseverlag, Ostfildern

Umschlagfotos

Titelbild: Praia do Arpoador, Ipanema
Umschlagklappe vorn: Junge Frau auf der Escadaria do Selarón, Santa Teresa

Hinweis: Autoren und Verlag haben alle Informationen mit größtmöglicher Sorgfalt geprüft. Gleichwohl sind Fehler nicht vollständig auszuschließen. Alle Angaben erfolgen ohne Gewähr. Bitte schreiben Sie uns! Über Ihre Rückmeldung zum Buch und Verbesserungsvorschläge freuen sich Autoren und Verlag:
DuMont Reiseverlag, Postfach 3151, 73751 Ostfildern,
info@dumontreise.de, www.dumontreise.de

2., aktualisierte Auflage 2015

Redaktion/Lektorat: Doreen Reeck
Grafisches Konzept: Groschwitz/Blachnierek, Hamburg
Printed in China

FSC
www.fsc.org
100%
From well-managed forests
FSC® C021256